老科学家学术成长资料采集工程
中国科学院院士传记
丛书

世事如棋 真心依旧

王世真传

杨丽凡◎著

1916年 出生于日本千叶

1938年 毕业于清华大学

1949年 毕业于美国艾奥瓦大学，取得博士学位

1978年 获全国科学大会成果奖

1980年 当选为中国科学院学部委员

2016年 逝世于北京

老科学家学术成长资料采集工程

中国科学院院士传记丛书

世事如棋 真心依旧

王世真传

杨丽凡◎著

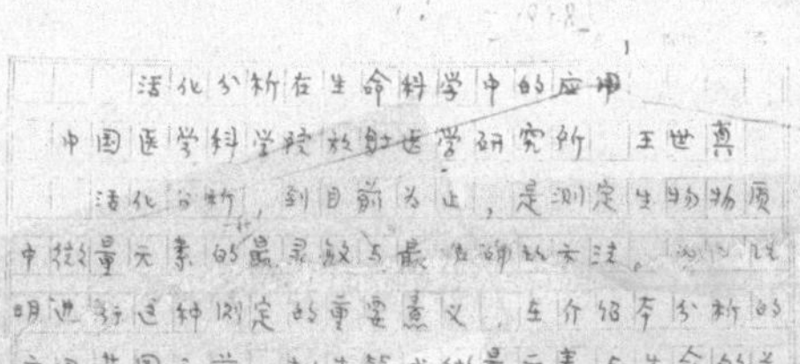
活化分析在生命科学中的应用

中国医学科学院放射医学研究所 王世真

活化分析，到目前为止，是测定生物物质中微量元素的最灵敏与最准确的方法。为了说明进行这种测定的重要意义，在介绍本分析的应用范围之前，拟先简述微量元素与生命的关系。

一、微量元素与生命

所有物质，包括生物，都是由元素组成的。人体的元素成分见表1。

中国科学技术出版社
上海交通大学出版社

图书在版编目（CIP）数据

世事如棋 真心依旧：王世真传／杨丽凡著．—北京：中国科学技术出版社，2021.7

（老科学家学术成长资料采集工程丛书．中国科学院院士传记丛书）

ISBN 978-7-5046-9041-8

Ⅰ.①世… Ⅱ.①杨… Ⅲ.①王世真（1916-2016）-传记 Ⅳ.①K826.15

中国版本图书馆 CIP 数据核字（2021）第 071971 号

责任编辑 余 君
责任校对 焦 宁
责任印制 李晓霖
版式设计 中文天地

出　　版 中国科学技术出版社 上海交通大学出版社
发　　行 中国科学技术出版社有限公司发行部
地　　址 北京市海淀区中关村南大街 16 号
邮　　编 100081
发行电话 010-62173865
传　　真 010-62173081
网　　址 http://www.cspbooks.com.cn

开　　本 787mm × 1092mm 1/16
字　　数 210 千字
印　　张 13.75
彩　　插 2
版　　次 2021 年 7 月第 1 版
印　　次 2021 年 7 月第 1 次印刷
印　　刷 北京华联印刷有限公司
书　　号 ISBN 978-7-5046-9041-8 / K · 293
定　　价 76.00 元

（凡购买本社图书，如有缺页、倒页、脱页者，本社发行部负责调换）

老科学家学术成长资料采集工程
领导小组专家委员会

老科学家学术成长资料采集工程
丛书组织机构

老科学家学术成长资料采集工程简介

老科学家学术成长资料采集工程（以下简称“采集工程”）是根据国务院领导同志的指示精神，由国家科教领导小组于2010年正式启动，中国科协牵头，联合中组部、教育部、科技部、工信部、财政部、文化部、国资委、解放军总政治部、中国科学院、中国工程院、国家自然科学基金委员会等11部委共同实施的一项抢救性工程，旨在通过实物采集、口述访谈、录音录像等方法，把反映老科学家学术成长历程的关键事件、重要节点、师承关系等各方面的资料保存下来，为深入研究科技人才成长规律，宣传优秀科技人物提供第一手资料和原始素材。

采集工程是一项开创性工作。为确保采集工作规范科学，启动之初即成立了由中国科协主要领导任组长、12个部委分管领导任成员的领导小组，负责采集工程的宏观指导和重要政策措施制定，同时成立领导小组专家委员会负责采集原则确定、采集名单审定和学术咨询，委托科学史学者承担学术指导与组织工作，建立专门的馆藏基地确保采集资料的永久性收藏和提供使用，并研究制定了《采集工作流程》《采集工作规范》等一系列基础文件，作为采集人员的工作指南。截至2016年6月，已启动400多位老科学家的学术成长资料采集工作，获得手稿、书信等实物原件资料73968件，数字化资料178326件，视频资料4037小时，音频资料4963小时，具有重要的史料价值。

采集工程的成果目前主要有三种体现形式，一是建设“中国科学家博物馆网络版”，提供学术研究和弘扬科学精神、宣传科学家之用；二是编辑制作科学家专题资料片系列，以视频形式播出；三是研究撰写客观反映老科学家学术成长经历的研究报告，以学术传记的形式，与中国科学院、中国工程院联合出版。随着采集工程的不断拓展和深入，将有更多形式的采集成果问世，为社会公众了解老科学家的感人事迹，探索科技人才成长规律，研究中国科技事业的发展历程提供客观翔实的史料支撑。

总序一

中国科学技术协会主席　韩启德

老科学家是共和国建设的重要参与者，也是新中国科技发展历史的亲历者和见证者，他们的学术成长历程生动反映了近现代中国科技事业与科技教育的进展，本身就是新中国科技发展历史的重要组成部分。针对近年来老科学家相继辞世、学术成长资料大量散失的突出问题，中国科协于2009年向国务院提出抢救老科学家学术成长资料的建议，受到国务院领导同志的高度重视和充分肯定，并明确责成中国科协牵头，联合相关部门共同组织实施。根据国务院批复的《老科学家学术成长资料采集工程实施方案》，中国科协联合中组部、教育部、科技部、工业和信息化部、财政部、文化部、国资委、解放军总政治部、中国科学院、中国工程院、国家自然科学基金委员会等11部委共同组成领导小组，从2010年开始组织实施老科学家学术成长资料采集工程。

老科学家学术成长资料采集是一项系统工程，通过文献与口述资料的搜集和整理、录音录像、实物采集等形式，把反映老科学家求学历程、师承关系、科研活动、学术成就等学术成长中关键节点和重要事件的口述资料、实物资料和音像资料完整系统地保存下来，对于充实新中国科技发展的历史文献，理清我国科技界学术传承脉络，探索我国科技发展规律和科技人才成长规律，弘扬我国科技工作者求真务实、无私奉献的精神，在全社会营造爱科学、学科学、用科学的良好氛围，是一件很有意义的事情。采集工程把重点放在年龄在 80 岁以上、学术成长经历丰富的两院院士，以及虽然不是两院院士、但在我国科技事业发展中作出突出贡献的老科技工作者，充分体现了党和国家对老科学家的关心和爱护。

自 2010 年启动实施以来，采集工程以对历史负责、对国家负责、对科技事业负责的精神，开展了一系列工作，获得大量反映老科学家学术成长历程的文字资料、实物资料和音视频资料，其中有一些资料具有很高的史料价值和学术价值，弥足珍贵。

以传记丛书的形式把采集工程的成果展现给社会公众，是采集工程的目标之一，也是社会各界的共同期待。在我看来，这些传记丛书大都是在充分挖掘档案和书信等各种文献资料、与口述访谈相互印证校核、严密考证的基础之上形成的，内中还有许多很有价值的照片、手稿影印件等珍贵图片，基本做到了图文并茂，语言生动，既体现了历史的鲜活，又立体化地刻画了人物，较好地实现了真实性、专业性、可读性的有机统一。通过这套传记丛书，学者能够获得更加丰富扎实的文献依据，公众能够更加系统深入地了解老一辈科学家的成就、贡献、经历和品格，青少年可以更真实地了解科学家、了解科技活动，进而充分激发对科学家职业的浓厚兴趣。

借此机会，向所有接受采集的老科学家及其亲属朋友，向参与采集工程的工作人员和单位，表示衷心感谢。真诚希望这套丛书能够得到学术界的认可和读者的喜爱，希望采集工程能够得到更广泛的关注和支持。我期待并相信，随着时间的流逝，采集工程的成果将以更加丰富多样的形式呈现给社会公众，采集工程的意义也将越来越彰显于天下。

是为序。

总序二

中国科学院院长　白春礼

由国家科教领导小组直接启动，中国科学技术协会和中国科学院等 12 个部门和单位共同组织实施的老科学家学术成长资料采集工程，是国务院交办的一项重要任务，也是中国科技界的一件大事。值此采集工程传记丛书出版之际，我向采集工程的顺利实施表示热烈祝贺，向参与采集工程的老科学家和工作人员表示衷心感谢！

按照国务院批准实施的《老科学家学术成长资料采集工程实施方案》，开展这一工作的主要目的就是要通过录音录像、实物采集等多种方式，把反映老科学家学术成长历史的重要资料保存下来，丰富新中国科技发展的历史资料，推动形成新中国的学术传统，激发科技工作者的创新热情和创造活力，在全社会营造爱科学、学科学、用科学的良好氛围。通过实施采集工程，系统搜集、整理反映这些老科学家学术成长历程的关键事件、重要节点、学术传承关系等的各类文献、实物和音视频资料，并结合不同时期的社会发展和国际相关学科领域的发展背景加以梳理和研究，不仅有利于深入了解新中国科学发展的进程特别是老科学家所在学科的发展脉络，而且有利于发现老科学家成长成才中的关键人物、关键事件、关键因素，探索和把握高层次人才培养规律和创新人才成长规律，更有利于理清我国科技界学术传承脉络，深入了解我国科学传统的形成过程，在全社会范围内宣传弘扬老科学家的科学思想、卓越贡献和高尚品质，推动社会主义科学文化和创新文化建设。从这个意义上说，采集工程不仅是一项文化工程，更是一项严肃认真的学术建设工作。

中国科学院是科技事业的国家队，也是凝聚和团结广大院士的大家庭。早在 1955 年，中国科学院选举产生了第一批学部委员，1993 年国务院决定中国科学院学部委员改称中国科学院院士。半个多世纪以来，从学部委员到院士，经历了一个艰难的制度化进程，在我国科学事业发展史上书写了浓墨重彩的一笔。在目前已接受采集的老科学家中，有很大一部分即是上个世纪 80、90 年代当选的中国科学院学部委员、院士，其中既有学科领域的奠基人和开拓者，也有作出过重大科学成就的著名科学家，更有毕生在专门学科领域默默耕耘的一流学者。作为声誉卓著的学术带头人，他们以发展科技、服务国家、造福人民为己任，求真务实、开拓创新，为我国经济建设、社会发展、科技进步和国家安全作出了重要贡献；作为杰出的科学教育家，他们着力培养、大力提携青年人才，在弘扬科学精神、倡树科学理念方面书写了可歌可泣的光辉篇章。他们的学术成就和成长经历既是新中国科技发展的一个缩影，也是国家和社会的宝贵财富。通过采集工程为老科学家树碑立传，不仅对老科学家们的成就和贡献是一份肯定和安慰，也使我们多年的夙愿得偿！

鲁迅说过，“跨过那站着的前人”。过去的辉煌历史是老一辈科学家铸就的，新的历史篇章需要我们来谱写。衷心希望广大科技工作者能够通过“采集工程”的这套老科学家传记丛书和院士丛书等类似著作，深入具体地了解和学习老一辈科学家学术成长历程中的感人事迹和优秀品质；继承和弘扬老一辈科学家求真务实、勇于创新的科学精神，不畏艰险、勇攀高峰的探索精神，团结协作、淡泊名利的团队精神，报效祖国、服务社会的奉献精神，在推动科技发展和创新型国家建设的广阔道路上取得更辉煌的成绩。

总序三

中国工程院院长　周　济

由中国科协联合相关部门共同组织实施的老科学家学术成长资料采集工程，是一项经国务院批准开展的弘扬老一辈科技专家崇高精神、加强科学道德建设的重要工作，也是我国科技界的共同责任。中国工程院作为采集工程领导小组的成员单位，能够直接参与此项工作，深感责任重大、意义非凡。

在新的历史时期，科学技术作为第一生产力，已经日益成为经济社会发展的主要驱动力。科技工作者作为先进生产力的开拓者和先进文化的传播者，在推动科学技术进步和科技事业发展方面发挥着关键的决定的作用。

新中国成立以来，特别是改革开放30多年来，我们国家的工程科技取得了伟大的历史性成就，为祖国的现代化事业作出了巨大的历史性贡献。两弹一星、三峡工程、高速铁路、载人航天、杂交水稻、载人深潜、超级计算机……一项项重大工程为社会主义事业的蓬勃发展和祖国富强书写了浓墨重彩的篇章。

这些伟大的重大工程成就，凝聚和倾注了以钱学森、朱光亚、周光召、侯祥麟、袁隆平等为代表的一代又一代科技专家们的心血和智慧。他们克服重重困难，攻克无数技术难关，潜心开展科技研究，致力推动创新发展，为实现我国工程科技水平大幅提升和国家综合实力显著增强作出了杰出贡献。他们热爱祖国，忠于人民，自觉把个人事业融入到国家建设大局之中，为实现国家富强而不断奋斗；他们求真务实，勇于创新，用科技为中华民族的伟大复兴铸就了辉煌；他们治学严谨，鞠躬尽瘁，具有崇高的科学精神和科学道德，是我们后代学习的楷模。科学家们的一生是一本珍贵的教科书，他们坚定的理想信念和淡泊名利的崇高品格是中华民族自强不息精神的宝贵财富，永远值得后人铭记和敬仰。

通过实施采集工程，把反映老科学家学术成长经历的重要文字资料、实物资料和音像资料保存下来，把他们卓越的技术成就和可贵的精神品质记录下来，并编辑出版他们的学术传记，对于进一步宣传他们为我国科技发展和民族进步作出的不朽功勋，引导青年科技工作者学习继承他们的可贵精神和优秀品质，不断攀登世界科技高峰，推动在全社会弘扬科学精神，营造爱科学、讲科学、学科学、用科学的良好氛围，无疑有着十分重要的意义。

中国工程院是我国工程科技界的最高荣誉性、咨询性学术机构，集中了一大批成就卓著、德高望重的老科技专家。以各种形式把他们的学术成长经历留存下来，为后人提供启迪，为社会提供借鉴，为共和国的科技发展留下一份珍贵资料。这是我们的愿望和责任，也是科技界和全社会的共同期待。

周济

王世真
（1916—2016）

序

科学虽无国界，但科学家有自己的祖国。祖国的盛衰兴亡，明显地关系着每个出国人员或侨民的命运。从二十世纪五十年代起，我多次出国进行学术交流，先后到过十几个国家。在国外，我深感每个人都是外交官，都或多或少地代表着自己的祖国。记得在布拉格的一次原子能应用会议上，我们的代表和五星红旗，同苏联的代表和国旗并列于首席，而英、法等西方国家的代表和国旗都排在我们的后面。我们见了，深感骄傲，腰杆子挺起来了！又一次，我们去参加第三届世界核医学大会时，正值联合国恢复了中华人民共和国的合法权利，主办国（法国）的专家们非常友好，把印好的几千份会议资料中的“中华民国”字样全改成了“中国台北”。但后来国内在选登的一篇会议论文时却弄虚作假，我们为此感到颜面受伤。这种情感，对于出国人员或侨居海外的华人，是很容易理解的，甚至于是感同身受的。这也许能说明，为什么有成批的学者，包括我在内，在新中国刚成立之际，放弃国外比较优越的工作与生活条件，从美、英等国奔回祖国，参加社会主义建设。

作为一个幸存者，我在学术研究的漫漫长路上，虽然取得了一些成绩，也碰过许多钉子，有过无数的失败。我既不聪明，又不能干，但从不抱侥幸的心理。我认为做什么都要花大力气。长期的工作与生活实践使我形成了对任何事情都不过于乐观的思维习惯。我很赞同这句话：抱最好的愿望，做最坏的准备（Hope for the best, prepare for the worst）。做科学研究好比上战场，不要轻敌，要把困难想得更多一些，多考虑可能出现的不利因素，事先想好多种对策。要花大力气，坚持不懈地去拼搏。实践证明，人间很少有办不到的事，只看你是否坚持；机遇到处有，只看你能否抓住。

王世真

2011 年 7 月 26 日

目录

图片目录

导言

王世真，核医学教授，中国科学院院士。王世真是福建福州人，1916年3月生，1938年毕业于清华大学，1948年、1949年先后取得美国艾奥瓦大学硕士及博士学位。王世真院士回国前是国际上合成放射性标记物的早期工作者之一。他长期从事甲状腺激素的示踪研究，增进了人们对该激素作用及病理生理的认识。中国的多种核医学新技术如标记技术、液闪测量、放免分析、医用活化分析、稳定核素医学应用、放免显像等，都是在他的介绍、开创和引领下建立、推广的。他主编了《核医学与核生物学》《中国医学百科全书·核医学》《核技术及其在生物医学中的应用丛书》等十四部专著，发表了二百余篇论文。

现代核医学是在二十世纪五十年代开始的。当时，同位素和平应用还是一项新兴的尖端科学技术，受到世界各国重视，无论是标记化合物的合成技术，还是新的放射性测量技术、同位素示踪技术，发展都十分迅速。为了使这项新技术能够迅速普及应用，1954年中国在《十二年科学技术发展规划》中，将同位素在医学中的应用列为国家的一项重点科研项目。王世真作为核医学专家参加了制定规划的工作。1956年，王世真受解放军总后勤部委托，与丁德泮一起在西安开办了中国最早的同位素测量仪器训练班和同位素应用训练班。在这个训练班上，王世真和青年教师蔡荣业等带领学员们边学边干，设计、制造了当时中国市面上还无法买到的放射性同位素测试仪器；合成了中国首批标记化合物（^{14}C- 氰化钠、^{14}C- 甲酸等）；进行了首次放射性示踪实验（分别应用 ^{65}Zn、^{14}C- 乙酸等在动物体内进行元素分布及蛋白质生物合成等实验）。他们还首次进行了放射自显影实验。1957 年，王世真又主办了第二届全国同位素训练班。这两届训练班的开办培养了中国第一批从事核医学及核生物学事业的骨干，为中国核医学及核生物学的发展奠定了基础。学员们从学习班走向全国各地，一批核医学科研机构迅速建立起来。

1957 年，王世真在中国协和医学院建立了同位素中心实验室，他首次将同位素应用于人体（应用 ^{131}I- 碘油观察正常人及病人胃肠道吸收功能）。为了保证安全，他第一个用新合成的放射性药物，在自己身上做了实验。1958 年，在周前的领导下，北京协和医院建立了中国第一个临床核医学科。王世真还主持了中国医学科学院同位素应用委员会的工作，有力地促进了医科院应用同位素的科研及临床工作。

1959 年，王世真参加筹建中国医学科学院放射医学研究所。此后二十年，王世真先后担任同位素室及放射所的领导职务，为在中国建立和普及同位素应用方法和技术，一共合成了近二百种放射性药物及生物医学所需的示踪剂，其中不少是创新的，极大地推动了我国核医学的发展。

1958 年，王世真翻译了《生物学中的同位素示踪法》（*Isotopic: Tracer in Biology*），书中不但介绍了同位素在生物医学中的许多应用，而且将当时很先进的放射性同位素液体闪烁测量技术介绍给中国科技工作者。1962 年，他指导两名研究生率先应用液闪测量技术于 C-14 及 H-3 的示踪研究。在王世真的倡导和推动下，液闪测量技术在国内得到了推广、应用。

1959 年，诺贝尔奖获得者 Yalow 博士与 Berson 教授共创了放射免疫分析技术，极大地推动了现代医学的发展。在王世真与著名内分泌学家刘士豪的指导下，我国于 1963 年首次建立了用放射免疫分析测定胰岛素含量的方法。此后，放免分析方法在我国渐渐得到普及推广，成为临床及科研工作中不可缺少的手段。我国所有同位素医学应用新技术都与王世真付出的辛勤汗水紧密相关。医用活化分析、稳定同位素应用、酶的放化测定、微生物的放射测定、放射受体分析等一系列同位素技术和方法都是在王世真的主持和倡导下创建并向全国普及的。

“文化大革命”期间，王世真没有放弃对发展中国核医学事业的不懈追求。1972 年，王世真主持了全国原子核科学技术展览会医学部分的展出工作。同年，王世真还主持召开了全国原子核医学经验交流会。这个交流会有二十八个省、市、自治区的代表参加，就连世界屋脊西藏也派来了代表。1973 年，受卫生部委托，王世真再次举办了全国同位素技术学习班，他还亲自主编了《同位素技术及其在生物医学中的应用》，作为学习班的教材。该书于 1977 年出版，于 1978 年获得全国科学大会成果奖。王世真还主编了《中国医学百科全书·核医学》《核医学与核生物学》《核技术及其在生物医学中的应用丛书》等十四种核医学专著，主译和主审了七种与核医学有关的书籍。这些工作对中国核医学的普及和提高起到了重要的推动作用。

1980 年，王世真当选为中国科学院学部委员。同年，在他的努力和倡导下，中华核医学学会在北京成立，他出任第一任主任委员，从此开始有计划地组织全国性的学术活动。1981 年，他又创办了《中华核医学杂志》，并担任第一任主编。1984 年，在他的努力下，中国医学科学院首都核医学中心在北京成立，他任该中心主任。

自 1979 年调到北京协和医院工作后，王世真将实验核医学技术与临床核医学及其他临床学科的研究课题密切结合起来。他瞄准核医学领域的世界前沿课题，在国内首先开展了放射免疫显像工作。“七五”期间，他承担了放射免疫显像和导向治疗的国家重点攻关课题，取得了丰硕的研究成果，大大提高了中国卵巢癌、肺癌、肝癌、结肠癌等恶性肿瘤的诊断水平，使我国在这一领域的研究走进世界先进行列。

改革开放以来，王世真为中国核医学与世界各国之间的学术交流与合作做出了很大的贡献。他曾率领中国代表团参加第三届世界核医学大会，先后出访过美、英、法、加、俄、捷克等近二十个国家，并多次作为会议主席、主讲人，主持各种专题讨论会，同时也介绍我国核医学研究的最新进展，使我国核医学与世界核医学接轨。王世真的卓越贡献为他赢得了很高的国际声誉。他是第五届世界核医学联盟国际联络委员会委员，亚太地区核医学联盟国际顾问。1986 年，他被中美核医学学会授予“核医学优异成就奖”，并荣获了金质奖牌。1988 年，在中国科学技术协会的支持下，王世真主持了北京国际核医学大会，二十八个国家的许多著名核医学专家出席了这一被国外同行誉为“非常高水平”的国际盛会。这是我国核医学走向世界的一个里程碑。

本课题组在立项之后，竭尽全力通过各种渠道，收集了王世真院士的论文和论著，包括早期的英文论文；收集了几乎所有的媒体关于王世真院士的介绍、新闻、报道，以及对于王世真院士的有关学术评价。王世真院士本人也在采访的后期将自己的学术著作、与自己相关的采访、新闻报道、日记、书信等资料全部送给了我们。这些资料可作为研究王世真院士的重要参考。

在评价王世真院士的学术成就和学术贡献时，我们主要参考了他的学生姜国辉、江骥等人所撰写的相关文章，同时也参考了中华医学会、中国核学会核医学学会编写的《中华医学会、中国核学会核医学学会史略》、安徽教育出版社在 2001 年出版的《院士思维》卷三中王世真院士写的《勤学、多思、苦干》一文、人民卫生出版社在 2005 年出版的《中国科学技术专家传略 · 医学编 · 基础医学卷 1》的一些内容。

关于实物资料的采集，王世真院士给我们提供了他的一些家族照片，以及他本人各个时期的私人照片。同时，王世真院士也给了我们很多他的工作照以及他与一些学术界泰斗的合影。在其秘书曹文革女士的大力协助下，我们拍到了王世真院士的毕业证书复印件以及他所有的奖状、奖杯等实物的照片。另外，王世真院士也捐出了一些私人物品，如他在日本出生后母亲给他热牛奶的小锅、母亲给他题写的折扇等。这些照片和实物将在很大程度上帮助世人一睹已逝岁月残存的印记，并由此加深理解王世真院士所经历的时代以及造就其独特的学术成长之路径的深层原因。

在本书中，凡涉及王世真成长的时代背景以及对他的生活和工作产生过重大影响的亲人、师友、同事时，我们除了依据王世真本人的回忆和叙述，也参考、引用了很多研究者所做的相关研究。例如，郑瑞荣先生关于格致中学校史的研究、台湾苏云峰先生所做的清华大学校史研究、王世威先生撰写的西清王氏族谱、张藜女士对于萨本铁先生的研究，以及王先生师友的画传及回忆录等。另外，我们还参考了王先生自己写的一些纪念师友的文章，如《忆施今墨》《瀛哥，我们永远怀念你》《情深厚意 高风亮节——沈其震院长》等。

本小组开始采集工作的这一年，王世真院士深受病魔的折磨，大多数时间身体极其虚弱，因此，我们的采访非常有节制，不仅要考虑王先生的身体承受能力，还要完全尊重王先生自己的意愿。也许是因为年事已高，病魔缠身，在很长一段时间，王世真院士都沉浸在对于家世的回忆中，我们很难将其引导到关于他的学术成长的轨迹中来。直到王先生身体大体恢复之后，突然地，王先生变成了最理想的采访对象，他的叙述富有条理，细节丰富，言语坦诚。至此，我们的采访才算步入了正轨。在撰写本书时，除了王先生的自述，对我们了解王先生帮助最大的是他的学生江骥。江骥先生对王先生温和、理性的解析，对我们准确地理解王先生极为重要。

在王先生清晰、完整、坦诚的回忆和对于所有资料仔细甄别的基础上，笔者完成了这本传记。本传记以时间为序，全书共分为六章，完整地记叙了王先生的一生。

王先生合成的DDT、扑疟母星、雷米封等，为无数国人的健康做出了巨大的贡献！直到今天，雷米封仍然被用于治疗肺结核。他是我国核医学技术的奠基者和引领者。

2016年5月27日，王世真在北京去世。

第一章
显赫的家世[1]

祖父王仁堪轶事

王世真的高祖父，王庆云（1798—1862）是西清王氏第十代，字贤关，谥文勤。西清王氏是福州地区的名门世家，人才辈出。

王庆云为道光九年（1829）进士，官至四川总督、工部尚书、两广总督等，政绩贤明。所著《石渠馀纪》详载清朝财政、兵额、吏治等财政经济情况，为有清一代重要史书和文献。如今，山西、成都、昆明等地的庆云街，就是以他的名字来命名的。

王庆云在同治元年（1862）终于山西汾州府，享年六十四岁。

王庆云有两个儿子，长子傅瑚，次子傅璨。王傅瑚一出生就被赐予蓝顶子。王庆云去世时，大儿子正当壮年。他扶着父亲的棺材从山西运到福建，沿途有很多官吏迎送，他这个孝子一路上跪谢哭号，非常辛劳，撑到

① 本章主要参考《西清王氏族谱》（家族内部资料，1999 年）及王世真口述。

福建，在父亲的葬礼结束后不久自己也去世了。

王世真的曾祖父，是王庆云的次子傅璨公。王傅璨之子王仁堪就是西清王氏族人经常挂在嘴上的那个状元。

王仁堪（1848—1893）字可庄，号忍庵。同治十三年由举人考取内阁中书，光绪三年（1877）成进士，廷试对策，拔为第一，成了状元。王仁堪的一生很有传奇色彩。丙子恩科，头名不是王仁堪，而是曹鸿动。王仁堪于是刻了一方印章，文曰“落第状元”。1877 年殿试，王仁堪果然独占鳌头，中了状元。此时他才将那方印章拿出，一时观者无不称奇。有清二百六十八年，福州只出了两个状元，一个林鸿年（道光十六年状元），另一个就是王仁堪。所以，王仁堪不但是王氏家族的骄傲，也是福建人的骄傲。

王仁堪中状元之后，起初授翰林院编修，据说皇上很喜欢王仁堪，赏赐的上方珍物无算，甚至连腊月二十三日之祭灶糖，亦蒙颁赏。[①]

王仁堪中了状元的第二年，即光绪四年（1878），发生中俄伊犁边界之争，出使俄国大臣完颜崇厚未经清廷批准，与俄国擅定丧权辱国的和约，引起了朝野的轩然大波。王仁堪挺身而出，与张之洞交章弹劾，请诛完颜崇厚，毁俄约。于是，光绪皇帝立即降诏革了崇厚的官职，下了大狱，定斩监候。后来俄国人为完颜崇厚说情，方得免死，但仍被关在监狱里。适逢慈禧太后五旬大寿，完颜崇厚以“济军”为名，献银三十万两，才被赦出狱。

光绪十年，清廷便有积极兴建海军的动议，预筹备战。一面筹划经费，一面向民间筹募银数百万两，以作建海军之用。光绪十二年十月间，慈禧有意挪用此款作为修建颐和园之用。经王仁堪劝谏，太后初虽中止施工，到了光绪十四年，仍然挪用该款项建其颐和园。挪用后仍不敷开支，又告借洋款八十万两。

光绪十七年（1891）王仁堪出任镇江知府。他到镇江府上任才五日，便发生了丹阳传教士残害婴孩的骇人案件。原来丹阳教堂披着宗教仁慈的外衣，对收育的中国贫苦老百姓的婴儿，暗中残害，事为镇江老百姓获

① 王氏族人:《西清王氏族谱》。家族内部资料，1999 年，第 268 页。

悉，群情愤慨，冲入桑园，扒开浮土，发现死婴无数，白骨成堆，惨不忍睹。盛怒之下，就一把火把教堂烧了。王仁堪闻报，经实地验查，果然得到婴孩尸骨七十余具，便立即传讯教士、教民及左邻右舍，取得确切供词。而此时清廷慑于外力，唯恐事态扩大，一味委曲求全，答应严办肇事民众。王仁堪据理力争，认为教士非法育婴，祸由自取；尸迹俱存，民愤可畏；应宽民罪，以安众心。但身处官场的他也深切了解清廷很难与洋人对抗，因此建议朝廷酌给赔偿，民教两便。清廷采纳了他的建议，一个满城风雨的喧腾教案，就此了结。①

王仁堪在镇江经常不带随从巡行各地，走遍穷乡僻壤，调查民情。他发现镇江地区很多田地缺乏水源，蝗旱成灾。单纯依靠雨水，断然不行，应开挖渠塘以防旱备荒。但这时清廷国库空竭，请款既难获准，劝募又恐扰民，于是就以身作则，自捐俸钱，以感动绅商富户，自动踊跃捐款。有了资金，他便亲自率领百姓开塘二千三百余口，沟渠闸坝，不计其数。王仁堪对于教育，也十分重视。镇江府原来没有学舍，学生读书皆散处家中，或寄读家塾。这样既难得名师指导，又缺乏切磋的机会。于是，王仁堪又出私钱并动用赈余款项，购屋数十间，号曰南濡学舍，延聘博学之士为讲师，按时授课，文风大振。

当王仁堪调任苏州知府时，镇江老百姓颂声载道并立祠纪念。王仁堪调任苏州府知府后，即患腹泻。但他看到府内积案如山，久悬未决，致使蒙冤者难得昭雪，犯罪者逍遥法外，不顾抱病的身体，力疾决狱。不及两个月，结案七百余起，老百姓欢声雷动。有一次，王仁堪的病发作得很厉害。吴某为其医治，因用麝香过多，疼痛大作，须臾而卒，时年四十五岁。

关于王仁堪的死因，他的孙子王世威又有一种说法：因王仁堪办案雷厉风行，引起了贪官劣绅的憎恨，他们相互勾结，对王仁堪施以毒手。二十世纪四十年代在上海，王世威曾听王世京言：某厨师曾痛哭流涕，悔当年在苏州亲手下毒。② 至于王仁堪到底是病死的，还是毒死的，现在大

---

① 《福州市志・人物志》（第2辑）。出版者不详，1990年，第45页。

② 小横香室主人：《清朝野史大观》卷三，记王仁堪。上海：中华书局，1926年，第28页。

图 1–1　王仁堪题字（王世真提供）

概是很难弄清楚了。

王仁堪一生清廉，不事营谋，但他有个誓愿：将来退居螺洲，与陈宝琛毗邻。螺洲，又称螺江，位于闽江下游南港之中，长二里许，是一沙洲。四面闽江之水环洲，筑石为堤，河道纵横，是一个典型的水乡。螺江陈宝琛（1848—1935）与王家本为世交，同治七年（1868）陈宝琛娶状元胞姊莪庄为妻。王仁堪的父亲王傳璨久闻螺洲山水之胜，曾给亲家写信相约将来比邻而居。王仁堪于光绪九年（1883）奉父灵归里安葬，就居于陈家沧趣楼，也曾与陈家提到父亲生前的约定，准备先在螺洲置地种树，以备归隐之居。

王仁堪逝世后，堂上老母已六十五高龄，而遗孤七人中最大者不过二十岁，最幼者为遗腹子，是在王仁堪逝世后五天才出生的，境况很是凄凉。幸好苏州的官员百姓和其门生相帮，才得以全眷扶柩回闽。至福州后，先住在螺洲陈家，然后在苏州官民和门生们的资助下，在陈府左边置了一处宅子，五亩为宅，十亩为园，安顿全家居住，当地百姓称之为状元府。

最终，如王仁堪及其父亲所期盼，“状元府第”和“陈太傅府第”结为比邻，前者地名状元埕，后者地名大埕。该地数百户居民成为一村，村落虽小，但有孔子庙、文昌阁、朱子祠、妈祖宫等多处名胜。沿村而下，有数百年老榕树垂荫其间，浓荫溶溶，江风阵阵，确是一处消暑胜地。螺洲正面对五虎山，旗山、鼓山为其左右翼，下则闽江浩荡，风帆片片，风景绝佳。

状元府正厅有八条大柱，左右各两间前后房，正面廊侧，各盖两间厢房，左边另外盖一很大客厅，及客房各一间。客厅后面为书斋两大间，其上有楼，积书数万卷。再后为厨房，厨房之后为米仓，米仓及客厅之左侧是广阔之花园，有鱼池、亭榭。此外，另有厅房三间，再外建球场一方，其余地广种有松、竹、荔枝、芭蕉之类植物。正厅后面尚有花园，较客厅之左侧，其广阔尤大，除种植梅花、桃树、丹桂、橘树之外，其右边空地又植荔枝十几株。五六月盛熟时，大树每下子百斛。亲友相聚品尝荔枝，称作餐荔会，大有雅趣。

图 1–2　王氏族人合影（中间为祖母，二排左一为王世真母亲，最后一排左一为王世圻。时间不详。王世真提供）

良医王孝细

图 1-3 王世真父亲王孝细
（时间不详。王世真提供）

王世真的父亲王孝细，字彦芸。王孝细的母亲林氏，温文端淑，生子十一人，王孝细为第十子。

王孝细生于北京，幼时随父母居任所。王仁堪去世后，林太夫人率诸子返回福州，在螺洲建屋置田。王仁堪的姐夫陈宝琛为王家诸子聘师授读，让他们读诗书、习礼仪，敦品慎行，不染市侩气息。王家诸子深习修齐治平、立身处世之道。等到诸子年届弱冠，林太夫人便安排他们去欧美或日本留学，希望子弟们学有所成，回来报效国家。

王孝细十五岁时，奉母命东渡日本留学，初在东京勤习日文，后考入千叶医科大学，其间曾加入同盟会，参加孙中山先生的革命运动。

1910 年，回国的王孝细看到福建《群报》上一篇社论，号召妇女关心国事，作者是林剑言。王孝细对文章中表达的进步思想很赞赏，同时被作者的才气深深打动。一打听，作者林剑言原来是爱国名臣林则徐的重孙女。林家跟王家一样，也是福建的大家，两家世代姻亲不断，王孝细于是很顺利地认识了这位能书善赋、爽快热情的姑娘。既然王家的公子爱慕林家的小姐，两家自然不会反对，过了不久两人顺理成章地结了婚[①]。

1911 年辛亥革命成功后，夫妻双双去了日本，王孝细继续他在日本的学业。1916 年，王世真在日本的千叶出生。王孝细取得千叶医科大学学位后，就在日本的一家医院里工作。王世真两岁时，母亲带他从日本回国，

① 王世真访谈，2010 年 11 月 30 日，北京。资料存于采集工程数据库。

当时王孝缃并没有一同回来。

图 1–4　母亲怀抱年幼王世真的留影（1916 年，日本千叶。王世真提供）

1920 年，王孝缃归国，随即返回福州故乡，悬壶济世。当时国内尚鲜有西医，故很多病者慕名而来，以致门庭若市。王孝缃应接不暇，工作劳累，然为解救病患，虽夜以继日，亦甘之如饴，不以为苦。因为知名度高，王孝缃受各方聘请，先后曾任协和大学教授、福建省警察医院院长、江苏军医院院长等，也曾在福建省政府卫生处供过职。他后来去了台湾，曾任台湾省政府医务所所长、空军医院院长、台北市立中兴医院内科主任等职。辞退公职以后，迁居淡水，但仍在寓所为附近邻居镇民免费提供诊疗。

王孝缃和林剑言共育一子一女：王世真、王世坑。王孝缃在大陆还有一个侧室陈氏。当王孝缃去台湾时，作为原配的林剑言并没有一同去。王孝缃去台湾后，于 1949 年，续娶颜甚女士为夫人。生有一男二女，子世辅、女世嘉、次女世姑。王世真父母的感情到底好不好，王世真自己也说不清楚，感情的事情本来就复杂，就连当事人也很难说得清楚，更何况是子女。他起先以为两人感情并不好，但父亲到台湾后，也曾辗转托人带来他给母亲写的诗作，母亲也有唱和。

王孝缃生性淡泊，和蔼近人，笃信佛教，深通医理，终身以救人济世为务。他曾将八十岁生日照片，与昔年十八岁留学日本时之照片，同置一相框内，互相对照，并自题诗曰："当年埋首书堆里，而今思来失进取，倘令八十遇文王，犹堪报国以身许。"从诗中亦能见其不老之雄心。王孝缃身体素健，九旬以后，犹能独自乘公交车来往淡水、台北之间，访友酬酢，健若壮年，人皆羡之。在过百岁寿诞时，受亲友祝贺，笑逐颜开，人称不老仙翁。1988 年夏天 7 月间，突感腹部硬胀不适，经诊断为肾功能衰竭，病况严重，住入特护病房，经输血急救，转危为安。王孝缃神志清醒，不忍家人来往奔波，日夜陪侍，乃于八月十五日返家调养，病情时好时坏。10 月下旬，家人拟再送医院治疗，他坚决不允许。11 月初，病情剧变，不能进食。

鉴于王孝缃很早加入同盟会的特殊身份，在大陆的女儿王世坑成为大陆改革开放后第一位被获准去台湾探亲的公民。但在香港转机办手续时，台湾方面似乎有意阻挠，不能顺利登机，一时成为轰动性新闻。很多媒体前来机场采访，因此病中的王孝缃得以在电视上看见几十年不曾见面的女儿。当王世坑终于到达台湾时，王孝缃却因器官衰竭，不幸于 11 月 11 日溘然长逝。女儿的探亲随即变成了奔丧。①

虽然《西清王氏族谱》记载，王孝缃“享年一百零二岁”②，但王世真却很肯定地说他父亲事实上是九十八岁去世的，并未过百岁。③不过，可以肯定的是，王孝缃是早期参加同盟会的人当中，活到最后的一个人。

母亲林剑言的诗

王世真的母亲林剑言是民族英雄林则徐的重孙女，上面有一个哥哥，还有两个弟弟。她自幼身体羸弱，但心性刚强，聪颖天真，有男子气概，在家中备受宠爱。虽然家境良好，但时人认为“女子无才便是德”，所以家中没有送她接受正规教育。林剑言长大后每当提及此事，就流露出深深的遗憾之情。林剑言的父亲林敏生在茶余饭后，给她讲解唐诗宋词。林剑言接受得很快，且文思敏捷。可惜受时代局限，作为女子空有报国济世之志，却苦于没有机会施展。于是，吟诗赋词就成了林剑言一生的精神寄托。

① 王世真访谈，2010 年 9 月 18 日，北京。资料存于采集工程数据库。

② 王氏族人:《西清王氏族谱》。家族内部资料，1999 年，第 443 页。

③ 王世真访谈，2011 年 3 月 21 日，北京。资料存于采集工程数据库。

林剑言写诗词，下笔很快，往往信手拈来，不加雕琢。她常说："诗者，心声也。"尽管在押韵及格律上严格不苟，但她不喜欢用晦涩难懂的典故。

她在自述中这样写道：

> 我祖父、父亲皆为廉吏。父亲头脑很新，辛亥革命，伊自无形响应，挂冠回到故乡，凡属有利社会事业，伊都赞成。性刚强，不怕权贵。曾经反对西太后，欲上万言书，行至沪，闻六君子死难，被阻而还，免了杀头。及民国，军阀作祟吾乡，我父子随时登报攻击而加驱逐，如彭寿松者。我姑、叔、我父先后过世，等于志士沦亡。以后政局颠倒，认为孤掌难鸣。中间亦竭吾力推动社会进步，虽得一部分人信仰，其结果灰心，诸不爱干，惟有扶植孩子，希望将来。到了解放，自是笑逐颜开，所恨身体已不如人，终年多病乃至匿影销声，望尘莫及。而今老矣，更觉万事力不从心。没有一枝之栖，精神上有所寄托，则社会主义光辉及我，是亦余生之大幸矣，斯为自传。①

从林剑言的诗稿看其一生，可以说她无时无刻不在把自己的心紧系于国家和人民的命运。日寇侵略，国土沦丧，她深叹"江山遥望景依旧，沧海桑田事已非"。抗战胜利，面对仍是一个政治腐败、社会动荡的中国，她在讥刺"凭他傀儡各登台，真面庐山趣自怀"的同时，又殷切期望着祖国的未来"便得河清谁可俟，何当如意报花来"。由于在旧社会经受了太多的苦难，她对新中国抱有极大的希望，一待革命胜利，她便忘乎一切地热烈欢呼解放军进城，"喜看光景忽澄鲜""从此光明属望深"；热烈赞美新中国"甲兵洗净世清平""万众如今是一心"；更热烈地颂扬毛主席"泽及殊邦世所钦"。

林剑言性格豪爽，待人诚恳。纵观她的一生，对亲人、对朋友、对国家，都是满腔热忱。王世真记忆最深的便是母亲的好客，每逢亲友遇到困

① 王氏族人:《西清王氏族谱》。家族内部资料，1999 年，第 402-403 页。

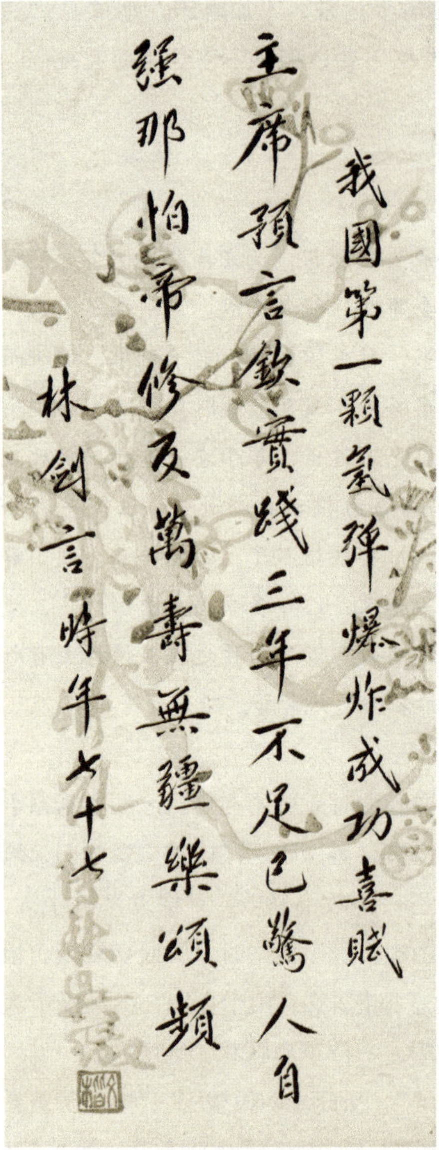

图 1–5　林剑言为我国第一颗氢弹爆炸成功赋诗（1967 年。王世真提供）

难，她必解囊相助，从不吝啬。她在世时，家中时常嘉宾云集，客人们开怀畅谈，宾至如归。王世真的堂兄弟们则说婶母思想开明，视侄子犹如亲子，视儿孙犹如平辈，从没有长辈的架子，没有半句苛责。1951 年，王世真回国，接林剑言北上进京，与居住北京的亲友重逢，这些亲友之间又复开始酬唱。加之亲朋好友多已进入周甲、耄耋之年，有了闲暇，唱和甚多。从他们的诗词可以看出：在清末民初，上一代人在人情交往上，感情细腻，孝悌之情溢于辞藻，闪现着中华传统文化的光彩。

到了 1961 年，她年事渐老。在《七十抒怀》组诗中写道：“眼看时事日方升，苦恨衰年力不任。一息尚存悲可懈，尽能忘倦表予心。”自知力不从心，而仍决意抛却衰老的悲哀和孱弱，“尽能忘倦”，报效国家。直至年及八旬，绝症缠身，还自表述：“沉疴莫挽，寸心犹热”“平生意志，长留气节”。林剑言的这一片诗心，确实无愧为林则徐的后裔，感人至深！

婆媳、姑嫂、妯娌，常是家庭中难处的关系，我们今天能读到在林剑言诗集中写给儿媳黄景泉有这样的诗句：“米盐零杂易相攻，我自操劳汝自温”“好好成才莫自荒，功亏一篑重思量”。作为婆婆，甘愿更多承担家务琐事而勉励聪明的儿媳不要荒废学业，这是何等新型的婆媳关系。

从林剑言一生的诗作上看，尽管在她一生中都充满了颠沛流离、生离死别，不论在哪个时代，她的诗都散发出热爱生活、热爱生命、珍惜寸阴、自强不息的精神气质。她始终都在发掘着、拥抱着生活中的美，在挫折中看见希望，自勉自励，从不气馁。林剑言在诗里写道："面目形骸徒变换，精神志气要存留。"人生愈进入暮年，则愈觉生命之可贵，寸阴足珍，愈老愈要自强不息："浪涌云翻天地转，光阴已迫莫蹉跎。"

图 1-6　王世真的母亲与王世真的儿子王敦盈在一起（1944 年。王世真提供）

与儿女别离时，作为母亲的她经常在诗里流露出思儿之情。她在《思儿吟》一诗中自述："尽夜悬悬无或间，最难排遣梦初醒。"但诗中每与子孙言，则总是激励他们"宜尔室家能报国"，一往直前。可以说，她将这种无时不思报国的价值观，灌输给了年幼的王世真。不仅如此，当她的孙子作为知青出发赴内蒙古边疆时，她写下了"青年责任肩斯大，老去争先已不能"的诗句。无论何时，她的诗作中看不到任何怨气，更没有沾染一丝一般诗人无病呻吟的习气。

王世真关于林剑言写作《八十留言》的那一段记述催人泪下："那时，母亲患膀胱癌，右手已瘫痪，背上长了褥疮，动弹不得。……三哥不忍，问道：'十五婶，现在何必还写诗呢？'母亲笑答：'现在不写，还待何时？'"对生命之至诚至惜，全在这段对话中。就在这组诗中她写道："八十年间看万变，留将妙句饯余生。"对诗的执着，本来自对人生的执着，她正是以最后的生命之热，点燃着不灭的精神之火，诗和生命就这样不可分割地凝合到了一起，人有精神而后入诗，诗有风采而后传精神。"此去光阴期共勉，养成风骨证前身。"她的诗作印证了她一生正气为人，冶情立志，不负平生的洒脱与执着。

八十留言[①]

流光荏苒又深秋，不觉耄年已到头。
枫叶荻花怜我老，更无余力作闲游。
一场春梦等闲休，回首山林是旧游。
不谓人天多远隔，偶从风月引离愁。
三年剩得闭门居，绝好风光每向隅。
一事摸心差自慰，稍能尽责不踯躅。
病中磨折苦交加，爱好心情未便差。
困卧何曾甘自弃，随时仍想笔生花。

她给女儿王世坑的遗诗中有“母便西归儿莫痛，依然留取是丹心”二句。这种火红的丹心，正是母亲留给儿女们的最珍贵的礼物。

前些年王世真回福建时，将母亲留给他的许多祖传物品都捐给了福建省博物馆，包括母亲写的这首《八十留言》原件。

家庭对王世真的影响

王氏家族有名的族人不少。父辈中有王孝缉任福建省教育厅厅长，培育英才，提携后学，造福家乡；王继曾留学法国，获最优秀奖，代表中国政府先后出席国际东方学大会和国际高等教育大会，多年从事外交工作，曾任中国驻墨西哥兼古巴公使，为祖国赢得荣誉；王孝镇少年发愤，忧国忧民，投笔从戎，参加同盟会创建活动，为武昌起义革命军重要领导人。

王世真这一辈是第十四世，平辈中的世澄、世颖、世圻、世富、世

① 林剑言:《八十留言》。由王世真提供，原件藏于福建省博物馆。

宪、世中、世襄、世锐、世仪诸人，皆学贯中西，在政治、经济、文化、教育、科技、医学、军事等诸多领域，建树良多，扬名中外。西清王氏家族世代都出杰出人物，在王世真这一代，仅是上燕京、清华的子弟就有二三十人，这一切显然与家族优越的家境、渊深的家学以及重视教育的传统有直接关系。

王家的老宅在福州城里东街的孝义巷，后门在灯笼巷。这座房子很大，一共有五进，里面住的都是王氏族人。大厅上挂有"状元第"的匾额。据说这祖屋是西清王氏九世祖传下，为六房所共有。在灯笼巷还有王家的一个大祠堂，大厅供的是祖先牌位，正中悬"贻书堂"匾额。

祠堂由族长经营，每年在上元、中元两节，都开祠堂供族人聚集，敬拜祖先，并设酒宴，少长咸集，团聚欢乐。既可慎终追远，又可敦睦族谊，实在是一个良好的方法。

王世真小时候跟妈妈、奶奶住在福州王家的老宅里。奶奶房子里的具体陈设他已经不记得了，笔者问他时，他想了半天，回答说"古色古香"。但他记得奶奶每天都要吃补品，是家中的厨师特意为奶奶炖的，就是红枣汤、花生粥，听上去都是些寻常之物。王世真奶奶未出嫁前的愿望却很不寻常。她经常跟王世真讲，她一生中最奇的是做姑娘时的两个愿望竟然全都实现了。第一个愿望是嫁人后只生男孩不生女孩；第二个愿望是嫁个状元公。她嫁给王仁堪后，生的全是男孩，一共十一子，丈夫王仁堪中了状元。

记忆中的奶奶常年戴着个帽子，上面缝着一颗很大的珍珠，是慈禧赏赐给状元府的。奶奶晚年时去南京王世真的父亲处，临行前，她将珍珠拆下来给了王世真的母亲保管，大约忧心自己万一年老回不来时，珍珠落到儿子的小妾手里罢。这颗珍珠被王世真母亲小心保管了一辈子，去世前留给了儿媳黄景泉，1976 年唐山大地震后，黄景泉担心北京地震，就将其给了当时远在内蒙古的儿子（儿媳）保管，算起来也是传世之宝。①

八岁前，因为父亲常年在外，王世真基本上是跟母亲和奶奶生活，对

① 王世真访谈，2011 年 3 月 27 日，北京。资料存于采集工程数据库。

他抚养和教育的主要责任，完全由家中的女性承担。王世真幼时深受母亲行事做人风格的影响。母亲因自己身处闺阁，无法像男子那样驰骋疆场，报效国家，于是将满腔的希望寄托在自己唯一的儿子王世真身上。另一方面，王氏家族是个封建大家族，族人之间关系紧密，交往应酬异常频繁。侯门似海，人多嘴杂，其关系错综复杂，家庭环境的这两个基本特征，赋予了王世真幼年所处生活环境的独特性，封建大家庭也造就了王世真复杂的性格。

王世真八岁时，因为在学校受了点委屈，就给母亲留了一张字条，又从她的抽屉里拿了五块大洋就走了，准备独自一人从福州去上海，再从上海到南京，去寻找当时在南京的父亲。那时，交通很不方便，从家里出发，要先搭车到台江的闽江码头，乘渡船去马尾，等待登上不定期启程的海轮驶往上海，最后改坐火车到南京。到了马尾之后，正好那天没有去上海的船，王世真就住到一间小客栈，房间里臭虫很多。他坐在房间里给母亲写了一封信，告诉母亲他在马尾，在等待去上海的船，让母亲放心。母亲接到信后，和亲戚一道追到马尾，劝他回家。后来见王世真坚决要走，只好送王世真上了船。王世真坐船到上海后，去了一位堂姐家，他以前跟大人去过的。他叫了一辆黄包车，拉车的听他口音是外地人，又是个小孩子，就载着他转啊转的，绕了个大圈，好歹送到了，狠狠地“宰了一把”。①

父亲虽然不是好脾气的人，但看到王世真自己到了南京，并没有指责他。在王世真的记忆中，父母都很开明，向来没有责骂过他，这使王世真从小养成了独立的性格，这种独立执着的性格伴随了他的一生。

在南京上小学时，王世真看到很多参加了童子军的大孩子拿着一根棍子，戴一顶帽子，很威风，于是自己也想参加。父亲并不干涉，于是王世真就加入了童子军。在南京，王世真就读于东南大学附属小学。东南大学是中央大学、南京大学的前身。王世真只用了三年，就念完了小学。

王世真的父亲到过日本，作为同盟会一员，参加过辛亥革命，见过大

---

① 王世真访谈，2011 年 3 月 21 日，北京。资料存于采集工程数据库。

世面。他家里藏有不少的宣传近代西方文明的新书和报刊。王世真记得小时候翻看父亲的信件，林觉民及其他一些人的字都写得非常漂亮，这些写信的人后来很多成了烈士，可惜信件没有保存下来。父亲激进的思想自然会影响王世真，而且王世真从父亲那里继承了健康的体魄和对新事物的探索精神。

王世真的童年正是中国军阀连年混战、帝国主义列强残暴侵略的时代。历史上有几个日期是王世真毕生难忘的，其中之一就是“五月九日”，当时称为“国耻日”。王世真深刻地记得，每年 5 月，他们都上街游行，抵制日货，把商店里的日本商品找出来，撕掉烧毁。

1927 年，北伐军刚到南京，英国炮舰就从长江江面炮轰南京。王世真和同学们在老师的组织下，在街头演出了一出名为“一片爱国情”的话剧以慰问北伐军。

1927 年，十一岁的王世真念完小学。看到母亲家信中“赏花思亲”的呼唤，王世真突然感觉非常想念母亲，于是决定回福建。归途中，正好与导演万赖天同在一条船上。万赖天很喜欢这个脑瓜机灵、动作利落的小男孩，闲聊之下，知道他还在街头演过话剧，于是极力动员王世真当演员。后来，他还追到灯笼巷王世真家中，劝王世真母亲让王世真去走表演这条道路，否则可惜了这孩子的才华。那个年代像王氏这样的大家族，怎么会让子弟去演戏？留洋念书，报效国家，这才是王家子弟应该走的正途。母亲自然没有同意。①

王家作为福建的名门望族，厅堂每天都是宾客如云，一帮清客门生聚在这里边喝茶边议论时政，听大人们谈话自然比读教科书来得有趣。这些宾客谈吐不凡，嬉笑怒骂，诙谐轻松，常常让放学后与堂兄弟们来祠堂听大人们聊天的王世真他们吃吃地笑个不停。但同时，这些饱学之士的言谈，也给年幼的王世真烙下了不可磨灭的影响。他们所谈内容大多是经世学问、致仕之道，谈话中贯穿的都是儒家礼义廉耻、忠孝仁悌的伦理道德观念。小小的王世真天资聪颖，经过这样的熏陶，儒家的功名思想及入世

---

① 王世真访谈，2011 年 3 月 21 日，北京。资料存于采集工程数据库。

报国的理念默默地影响了他。可以说，学识庞杂的儒生们的言谈对王世真早期性格乃至人格的影响，绝非一般。毫无疑问，这种密集的早期教育所灌输的伦理道德观，必将对王世真日后的行为举止产生规约作用。王世真自己也分析说，他的爱说空话，是受小时候老听那些大人们清谈的影响，以至于自己长大后也喜欢夸夸其谈；他的功名思想，也是受了他们的熏陶和影响。虽然他说这些话时，用的是半开玩笑的语气，但笔者相信他说的是真心话。

回到福建的这一年，也就是 1927 年，王世真考上了格致中学。

第二章
从燕京到清华

格致中学的好学生

回溯格致中学的历史[①]，得从 1848 年 2 月 18 日约翰逊敲响格致学校第一声学钟开始。

格致中学建立时是一所教会中学，1927 年 5 月，格致学校改名“福州私立格致中学”，实行校长制，格致中学董事会成立。

王世真进入格致中学是在 1927 年 9 月，格致中学董事会大胆提出起用三十二岁的薛廷模（1896—1979）为校长。薛廷模曾获美国西雅图州立华盛顿大学教育系教育硕士学位。

薛廷模出任校长后的十年是格致中学重建校园复课开学，重整校风兴旺发达的十年，是格致中学充满活力的十年。在这时期，格致中学办得独具特色，师资力量雄厚，教学设备完备，行政管理高效率，生源质

① 关于格致中学的相关内容，主要参考了郑瑞荣所著《榕城格致书院——福州私立格致中学简史（1948—1952）》，内部资料，1995 年。

量提高，课外活动活跃，校园处处生机勃勃。在这十年中，学校自筹经费，开辟经费来源：提高学费收入，董事会劝募，校友捐资，薛廷模、林雪金夫妇赴美募集。学校办学经费有可靠保证，从而走上了自筹自养、独立自主的道路。王世真正是在格致中学的这一段黄金期度过了他的中学时代。

校长薛廷模以身作则，亲自参与教学理论的研究和课堂教学实践。他对教师强调说："教而不研则浅，研而不教则空。"他以这两句话作座右铭，亲自讲授初中三年级英文文法课。薛校长聘请倪耿光为教务主任，付与掌管教学和教育学生的重任。同时，薛延模聘了许多有真才实学的留学回国人员和国内名大学毕业生为主要科教员，邀请美籍教员讲授英语课。他纠正书院时期重英语轻国文的倾向，在继续保持高水平的英语教学的同时，重视国文教学，增加国文科课时，要求学生学好国文。他聘请了前清中举文人为国文教员；取消《圣经》的主修科地位，改为课外选修科；加强体育教学和训练，重视音乐和美术教育，并在师资和设备上支持体育、音乐和美术三科，培养全面发展的人才。

倪耿光生活俭朴，作风严正。他要求大家衣着朴素，整齐清洁。他接任教务主任后，一改西装革履的打扮，穿起暗灰色中山装，车胎底黑布鞋，理了平头，每天总是提早站在校门口。在他的影响下，格致中学的师生也都注意仪表。王世真每天都是衣装整洁，头发梳得整整齐齐地去上学。在校门口看见倪耿光，马上站定行礼问好，倪耿光也总是含笑回礼。

倪耿光为人诚恳，平易可亲，对学生既严格要求又关怀备至。王世真说，他多次看见倪耿光在教室后门上方的玻璃窗口外静立观察学生上课秩序和观察教员授课情况，学生上课有什么小动作都看得清清楚楚。不久，学生们都知道了教务主任在看着他们呢。学生们知道，若被教务主任发现违反纪律，必于当晚自修课后被叫去他的宿舍，指出错误后，加以诱导规劝。

学校规定每星期一至五、星期日晚七至九时为晚自修课，缺席者以旷课论处。初期规定初一和预科学生集中教室晚自修，初二以上在宿舍自修；后来由于寄宿生增多，改为初一至高一在教室自修，高二、高三在图书馆

图 2–1　王世真（左二）与堂兄王世威及两个堂姐妹（1928 年。王世真提供）

阅览室自修。王世真学习能力很强，经常做完功课后向图书馆借阅各科参考书，把能找到的习题都做上一遍。

初中学生毕业升入高中后，除国文外，其他各科均用美国出版的原版课本。

1929 年 1 月，在教务处下设体育部，将体育设为必修课，聘许玉成为主任，每周授课二十课时。许玉成上任后，重新全面审视体育教学和训练，添购器械和运动用品。课堂讲授体育知识、体育道德和体育运动的技巧；操场训练着重通过体育活动，以增强体力。他还制定了体育课考试制度、考试项目和评分标准，报校务委员会讨论通过。其中规定体育课不及格者，不得升级。这样从制度上的卡严，就是不喜欢锻炼的学生也不得不锻炼了。王世真打乒乓球是跟父亲学的，每天下午课后放下书包兴致勃勃地飞奔去抢占乒乓球台子。他的乒乓球打得非常好，他瘦，打起球来身体灵活，脑子反应又快，在进攻当中会制造各种旋转球，对手接不好，且身体常常前后左右地移动奔跑，很讲究球的落点，一般人不是他的对手。①

① 王世真访谈，2011 年 3 月 21 日，北京。资料存于采集工程数据库。

王世真上中学时，王家将螺洲的房子、果园和土地卖掉了，卖得的钱分给了子孙们。王世真的父亲从南京赶回福州，用这笔钱在福州盖了一栋两层西式楼房。楼下有假山池塘，楼上有露台，屋子里陈设西洋风格的家居和器物，看上去很洋派。

之后父亲又回南京了，他当时在南京开着一家名为“尚元”的医院。之所以起了这个名字是因为祖上出过尚书和状元。

从此后，王世真离开了王家的族屋，跟着母亲与家人搬到这栋洋房里生活。母亲性喜热闹，交游广泛，家中经常高朋满座，他们吟诗赋词，高谈阔论，笙歌笑语，不绝于耳。佣人们脚步匆匆，伺候客人，添茶上菜，来回奔忙。而王世真则把自己的房门紧闭，用功读书。

王世真的十三大爷娶陈宝琛女儿为妻，夫妻感情不睦，十三大爷在留日期间另娶了一个日本女子，十三大妈一辈子守着活寡。后来十三大爷得了精神病，病中娶了一个船家女儿，族人既惊又气，但他是病人，又奈何不得，只是分家产时，没有将他的那份钱直接给他，为他的未来计，由族中代为保管。这个十三大爷虽然神智不是很清爽，但对族中的小孩子们极好，出手阔绰，所以孩子们很爱他。

王世真有一回在理发馆理发时，正好碰到十三大爷也来理发，他见了王世真用流利的英语跟王世真说：“得设法把我的那份钱拿出来，然后我要用这钱带你去柏林看奥运会去！”十三大爷虽是东洋留学，但他的英语竟也很好。王世真听了十三大爷的话，心里很纳闷：为什么别人都说十三大爷是神经病呢？大爷说话不是很有道理吗？十三大爷年轻时风流洒脱，根本不拿银钱当回事，在东北时看到河面结冰，一高兴就往冰面上扔大洋玩，看到行人纷纷去捡，他哈哈大笑。到了解放初期，十三大爷的生活已经陷入困顿，王世真和堂兄王世威还给十三大爷寄过生活费。不管族人怎么看待他，在王世真他们这些侄子们看来，大爷始终是一个疼爱他们的和蔼长辈。①

格致中学对学生学业成绩的考核是非常严格的，学业考试分平常考、月考和期考三种，各占总成绩三分之一。这样鼓励学生注重平日功课，反

---

① 王世真访谈，2010年11月28日，北京。资料存于采集工程数据库。

复加深对所学得知识的理解。王世真很勤奋、刻苦，从不依赖临时记忆侥幸过关。他的成绩向来很稳定，无论是平常考还是大考，各门功课都是年级第一。

学校的一位老师夏天去鼓浪屿避暑也带着王世真，英文老师在自家办晚会，也会请王世真参加。他是师长眼中前途远大的优秀少年，王世真自己也踌躇满志，虽然科举废除了，他已经没机会像爷爷那样成为状元，但长大后肯定会出洋留学，至于具体学什么，他还没有想好。不过看过父亲给病人开药方，病人吃药后身体痊愈，就觉得药物真是神奇的东西，要不长大了学习制药？他朦朦胧胧地这样思量着。

为了保持格致学校英语高水平的特色，图书馆在购置中文图书、报刊的同时，增添了近现代英文名著、工具书和英文报章、杂志。英文书库中还陈列许多高初中英文读本、英文文选、英文会话、英文作文、英文文法和英文修辞各种教科书和课外阅读参考书。王世真经常在课外阅读英文作文和文法书，由于在英文语法和写作上下了不少功夫，他的英语作文很少有语法错误。

学校规定自初一年级起，每个学生均须参加英语俱乐部，每周一个晚上到美籍英文教师宿舍聚首。活动内容不外是谈天说地、讲故事、说笑话和玩游戏，学生进门后只许讲英文。有些怯于开口者，也勇气百倍，连说带比，自得其乐，从而不断提高英语会话水平。英语教师常鼓励学生编写英语短剧，选其优秀者在全校性英剧比赛中演出，还邀请来宾出席观看，请美籍教、牧人员评奖。王世真很擅长演英语短剧，他很投入，扮演的角色发音纯正，声情并茂。

学校为了提高学生英文写作能力，每学期由学生自治会学术部举办一次英语作文比赛。比赛分高中、初中两个组，由英文教师命题，各班推举选手报名参加。王世真的一篇获奖英文作文还被送去在美国刊登。老师们都很喜欢这个机灵活泼、爱说爱动的小男孩，有四位美籍老师邀王世真在暑假同他们去鼓浪屿别墅避暑。①

---

① 王世真访谈，2010年11月28日，北京。资料存于采集工程数据库。

中学的六年，也是王世真夜以继日地闭门读书的六年。作为富家公子，他完全用不着帮忙做家务，一切都由母亲和用人打理得妥妥帖帖，他只是一门心思地念书。由于小时候没有学会做家务，后来在家里还是笨手笨脚，家务事要全部依赖家人。

在中学的六年里，他只对理工科有兴趣，知识面很窄，不懂美术、音乐，小说更是全不沾边。王世真这辈子仅仅在中学毕业前夕花一周时间头昏眼花地看了一遍《三国演义》等有名的小说，缘由是害怕大学入学试题中可能会出现相关内容。除了打打乒乓球，他也缺乏体育锻炼，体质不强健，先后得过伤寒、白喉、猩红热等传染病，以至于高中毕业时又瘦又小。

当时，燕京大学每年都在格致中学设置招生考场。高三那一年，王世真应试后不久，便获得了考取燕大的喜讯。

考入燕京大学

燕京大学第一任校长为司徒雷登（John Leighton Stuart，1876—1962）。他主持燕京大学，将之创办成为当时国内声名显赫甚至在国际上也有相当影响力的知名大学。

1932 年的秋天，王世真作为一年级新生进入燕京大学。校长司徒雷登在燕园的临湖轩迎接入学新生，当他叫出王世真的名字时，王世真很是惊喜，其实司徒雷登能准确叫出每一位刚刚报到的燕京学子的名字。

司徒雷登是美国人，但他出生在中国的杭州市，当时他的父母正在这里传教，在杭州耶稣堂弄 3 号，建有一栋砖木结构的两层小楼，司徒雷登在这里生活了十一年，直到 1887 年回美国上学读书。他在这里学会了一口纯正的杭州方言，比母语英语还流利，并一生喜欢杭州的风味美食。1904 年，学成带着妻子回到杭州，子承父业，继续做传教士。此后上南京、北京做教师、当校长。

1919年春天，司徒雷登上任伊始，他或者骑毛驴或者蹬自行车，转遍北京四周，终于在颐和园附近买下一块地皮，燕京大学就在这里建校。在司徒雷登任校长的二十七年里，燕京大学迅速崛起为中国最著名的高等学府之一。燕京大学校园系前清睿亲王府，其地则为明代勺园之旧址。勺园在明代为京西名园之一，前人载籍多称道之，后虽荒废，然其中亭台池沼之遗迹犹历历可考。原地之面积，为三百八十亩，现时校园基地之面积，则为七百八十余亩，乃续购附近民房地，及购领官地官道，合并而成者。燕京大学初得此地，时在1920年，翌年即兴工建筑，至1926年夏间，应用之校舍大致告成，原在城内之男女两校同时迁入。

1952年，全国高校院系调整，燕京大学撤销，这里终于成为北京大学的所在地，只是校园名称依旧称作“燕园”，是中国最美丽的校园之一。

王世真考入燕京大学时，燕京大学校园按着预定的规划设计，已经基本建设完成。整个校园风景秀丽，洋溢着蓬勃向上的朝气。新建成的燕京大学校园，选址在北京城的西北近郊，是历史上有名的园林区。校门西向，遥对西山。校门以内，跨过一个波平如镜的池塘上的一座大石桥，就进入了教学中心。中国古典建筑形式的大楼，三面环列，中间场地开阔，绿草如茵。

从入学的第一天起，王世真就为这座校园的自然风光所吸引。从教学中心深入校园腹地，林木丛茂。大路起伏，畅通无阻。羊肠曲径，经过其间。出人意外的是穿过一道小坡，突然展现在眼前的是一片微波荡漾的湖泊，水光天色，视野开阔，这就是享有盛誉的未名湖。湖中有小岛，点缀其间，平添无限景色。男生的宿舍大楼，一座又一座，并列在湖泊的北岸。湖泊南岸密林之后的则是传统庭院式的女生宿舍。这里原是两百多年前与清朝皇室有密切关系的一座名园，叫作淑春园。园中河流湖泊的上游，来自紧相毗连的勺园。燕京大学正是在这两处名园的旧址上，经过独出心裁的规划设计，充分利用其自然条件，建造起一座独具特色的大学校园。还有更重要的一点，即这座校园的建筑物，一律采用了中国古典的建筑形式，这更是历史传统与现代化要求的相互结合。①

---

① 侯仁之:《我从燕京大学来》。北京：三联出版社，2009年，第34页。

图 2-2 燕京大学风景明信片（1932 年。王世真提供）

初到燕大，王世真生活在这个楼阁交错、中西合璧、湖光塔影、风景如画的环境中，心旷神怡。校内的文化生活也丰富多彩，有话剧，有“弥西亚”演唱会。王世真住进未名湖畔的一间双人宿舍，他的床就在窗户下面。夜晚，王世真躺在床上望着深蓝的天空中挂着一轮明月，幸福感油然而生。在燕京校园的一年，是王世真一生中最愉快的一年。王世真选了六门课程，都由美国人讲授。在燕京，至少第一年，只要英文好，上课就不费力。由于心情舒畅，王世真每餐可以吃下六个小馒头。不到一年，王世真重了十六七斤，变成了一个小胖子。①

也是因为英文好，王世真在燕京大学交了女朋友。当时燕京大学的一年级学生的英文课按英文程度分组教授，王世真和洪盈都分到了水平最高的英文组。洪盈是个聪明、诚实、心底敞亮的好姑娘。洪盈的姐姐洪晶也在上燕京大学，与王世真同班。洪盈的弟弟洪朝生上清华时，比王世真低三届。洪家三姐弟后来各自在自己的领域都取得了令人瞩目的成绩。

洪家祖籍福建。洪盈 1937 年毕业于燕京大学化学系，1946 年获美国密歇根大学化学硕士学位，同年回国。曾任重庆大学、金陵女子文理学院

① 王世真访谈，2010 年 11 月 28 日，北京。资料存于采集工程数据库。

副教授。中华人民共和国成立后，历任东北工学院教授、教学研究室主任，沈阳药学院教授、化学系主任、基础部主任，民盟中央委员，是第三、第五、第六届全国人大代表。她治学严谨，教学经验丰富，讲授方法灵活，主编有《有机化学》等。

洪晶 1937 年毕业于燕京大学物理系。1946 年在美国罗切斯特大学获应用光学硕士学位。1948 年再度赴美，并先后在华盛顿天主教大学和伦塞勒理工大学攻读博士学位。1949 年，她加紧了博士论文研究工作，准备尽快归国参加新中国的建设。由于朝鲜战争爆发，洪晶放弃了即将获得的博士学位，于 1951 年 3 月回国。先后在辅仁大学任副教授、北京师范大学任副教授和物理系代主任。1952 年盛夏，洪晶来到哈尔滨工业大学物理教研室任教。她积极投身于中国的教育事业，并长期从事物理学知识的普及工作。洪晶是哈尔滨工业大学的第一位女教授、首位女副校长及国务院首批批准的光学学科博士导师，也是哈工大光学学科的创始人。曾先后荣获全国三八红旗手荣誉称号。

洪朝生（1920—2018）于 1940 年毕业于清华大学，1948 年获美国麻省理工学院物理学博士学位。他是中国低温物理与低温技术研究的开创者之一。1950 年，他在美国普度大学发现了半导体锗单晶低温电导与霍耳效应的反常行为，并提出了半导体禁带中杂质导电的新概念。二十世纪五十年代以来，创建中国科学院物理研究所低温物理实验室，建造氢、氦液化系统，开始了低温、超导研究，并进一步开拓低温制冷与实验技术研究；参与创办中国科技大学低温物理专业；负责组建了中国科学院低温技术实验中心，致力于低温工程技术与低温物理的综合研究与应用开发；积极参与中国制冷学会和国际低温工程理事会的学术组织工作，推动国内外学术交流，获国际低温工程理事会 2000 年度门德尔森奖。1980 年，洪潮生当选为中国科学院院士（学部委员）。

虽然后来王世真与洪盈因王世真这方面的缘故，未结成姻缘，但王世真一直与洪家保持着真挚的友谊，对洪家姐弟高尚正派的精神品格非常仰慕。王世真在美国留学期间，洪朝生曾两次到王世真家动员他回国建设祖国，没有洪朝生的动员，王世真不敢确信自己是否能坚定地回到祖国。[①]

二十世纪三十年代初，清华大学筹建化学馆；1932 年，清华大学化学馆落成；1934 年，刚升入燕京大学二年级的王世真听说清华新盖的化学馆非常气派，师资也很强大，于是决定从燕京大学转学到清华大学化学系。转入清华时，清华的入学考试是要求考生用英文写一段《三国演义》中的故事，王世真写的是“空城计”。[②]

富家公子在清华

王世真于 1934 年转入清华大学化学系学习时，正值清华突飞猛进的时期，校长是梅贻琦。王世真经常强调校长梅贻琦的人格力量对他的影响。

梅贻琦（1889—1962）的一生与清华有密切的关系，他是第一批庚款留美学生，主持清华校政三十年。在近代中国高等教育史上，他是一位罕见的人物。他之所以罕见，基于下列事实：他并无高级学位（荣誉博士学位受赠于 1940 年），却能率领诸博士群，人人佩服；在抗战以前就使清华领先各大学，成为理工教学与研究重镇；在抗日战争前后近二十年的学潮风云中，他使清华校园基本安定，持续发展。

梅贻琦在他的家人、同事与学生眼中，几乎是一位完人。他个性内方外圆，木讷、温和、诚恳；才思敏捷，言行谨严，稳健而又刚强，故能从容不迫。梅贻琦先生不喜多说话，但偶一发言，总是简单扼要，条理分明，而且有风趣。他在工作中，对事有主张，对人有礼貌。遇到问题，总是先问旁人：“你看怎样办好？”当得到回答，如果是同意，就会说，“我看就这样办吧！”如不同意，就会说，“我看还是怎样怎样办的好”，或“我看如果那样办，就会如何如何”，或者说，“我看我们再考虑考虑。”他从无疾言愠色，所以大家愿意和他讨论。他主持会议时，能先

---

① 王世真访谈，2010 年 11 月 28 日，北京。资料存于采集工程数据库。

② 同①。

聆听并且很尊重他人意见，把握各人发言重点，在争论中，能以片言平息争议，解决问题，为众人所悦服。他看起来像是“无为而治”，实则他从未放弃责任。

在 1929 年至 1938 年的清华毕业生一千五百二十人中，文实二科人数虽相近，但面对国家建设的迫切需要，梅贻琦确实有偏重理工的倾向，这也是为了满足当时的国家需求。而当时国内一般大学，在此时期，普遍重文轻理。这十年间的清华录取率，平均约为 14%，清华教授都希望清华成为一所完全以学术为导向的大学。他们自己除认真教授与研究外，还严格要求学生，毕业时必须通过毕业论文审查，论文水平非达到某种程度，否则不许毕业，淘汰率高达一半，不像当时一般大学，入学就等于毕业。所以，这一阶段的毕业生人数虽仅为一千五百二十人，但几乎个个优秀。王世真同一级的物理系招收了十五个学生，毕业时也就剩三五个了。化学系招收了几十个，能顺利毕业的学生也很少。

因清华课业重、要求严，学生很少逃课，学生中读书风气很盛，求知态度认真，一般除了上课之外，多到图书馆看老师指定的参考书、课本，查询作业资料，难得有休闲的时候，有时间时浏览有兴趣的书籍。即使是周末、节假日，图书馆里也是座无虚席。又因淘汰率高，毕业的学生程度较为整齐。就在这种严格要求下，清华学生身上有一种共同的清华精神，即清华人做人做事及对学术的态度：认真奋斗，实干苦干，脚踏实地，实事求是，勤劳尽职。

清华学生大多数都是一本正经读书的。著名的“清华乐园”社团，参加者多半是功课好的文、法学院学生；功课较差的，努力读书唯恐不及，哪敢去参加！虽然功课重，但有一项活动是学生们都要参加的，那就是每天下午 4 点至 6 点课外体育锻炼。由于清华重视体育成绩，就总体而言，学生的体能测验平均水平，毕业时比入学时普遍增加。对外的校际比赛，多居鳌头。

王世真参加了清华的乒乓球队。他用的是从日本进口的球拍，习惯于打攻球，而同队的叶笃正擅长打守球。当时的清华乒乓球队在整个华北无敌。清华规定每个学生都必须会游泳才准许毕业，王世真不会游泳，但因

图 2-3 王世真所在的清华校队获五校乒乓球锦标赛冠军（1934 年，执拍者为王世真。王世真提供）

他是学校乒乓球队的，可以免修游泳课，所以王世真至今也不会游泳。乒乓球队的队员每天都有新鲜的牛奶免费提供，发一身白色的衫裤。而网球队的队员则发一身法兰绒西服[①]。王世真拿过好几届乒乓球冠军，足见他的功课负荷虽然很重，但在运动上仍有优异的表现。

每天下午四点半，王世真就换上背心，背心上绣着学号、下着白短裤，到清华体育馆打乒乓球。因学生宿舍无浴室，打完乒乓球后，顺便就在体育馆淋浴室就地沐浴，体育馆有可容纳一千人的淋浴设施。这也是为什么清华人勤于运动的缘故。然后将换洗的衣服放在一个布袋里，上面写着自己的宿舍号码、学号与姓名，放在室外走廊上，第二天清早就有洗衣店工人收去，隔天将洗好的衣服，原袋夹好送回到对号宿舍，非常方便，而每学期的洗衣费仅为三元。在清华养成的体育锻炼习惯，让王世真终身受益。王世真五十岁时，能骑着自行车在北京、昌平之间快速来回，行程九十多公里。即便到了老年，他有时还能工作到深夜。[②]

由于时代环境的关系，早期能上教会学校及大学的学生多数出身于中上家庭，生活优裕。据 1933 年的一项调查，国内三十九所大学的学生，多数出身中等以上家庭，被视为贵族学校的燕京大学和清华大学，尤其明显。燕京的学生有三分之一来自商人等富裕家庭，来自劳工阶级者仅十分

① 王世真访谈，2010 年 11 月 28 日，北京。资料存于采集工程数据库。

② 王世真访谈，2011 年 3 月 21 日，北京。存地同上。

之一。清华没有做同样的调查，相信和燕京相去不远。[①]原来的清华校长罗家伦设立寒奖助学金的目的，在于让更多贫寒而优秀的学生进入清华，因奖助学金的标准过高，能取得者极少。这时的清华学生，仍旧以出身中产阶级以上家庭者居多。

王世真住在新斋，曹禺住在新斋近旁的另一栋宿舍，当时曹禺的恋人是来自福建的郑秀。有一天夜里，下了晚自习的王世真在快走到新斋时，看见有同学招手儿叫他，过去抬头一看，清清楚楚地看见曹禺和恋人郑秀在窗户前拥吻的剪影，就像电影一样！[②]

每栋宿舍内有许多房间，每个房间住两至四人，也有住一人者，空间相当宽敞。房间内有壁橱，储置衣物；有电灯、暖气壁炉与抽水马桶等现代设备。宿舍外种植花木，环境优美。王世真与靳鹤年两人合住一间宿舍。靳鹤年在抗战期间参加了空军，曾往美国受训，后来跟随国民党军队到了台湾，前些年与王世真还有来往，后来脑梗，无法亲手写明信片，就让自己的儿子代写了贺年片寄给王世真。

母亲每年给王世真三百大洋作为开销，王世真在宿舍挂着王家世交陈宝琛的对联，陈宝琛是溥仪的师傅。王世真花钱请校工每周给他换一次瓶中的鲜花，每天下午送新鲜的水果到宿舍，西瓜太大，自己吃不了，于是叫洪朝生过来帮忙一起解决。作为一个不知世事艰难的大家公子，清华几

图 2-4　王世真及其堂兄弟们在北京（1935 年。王世真提供）

① 苏云峰：《从清华学堂到清华大学》。北京：三联出版社，2001 年，第 64 页。

② 王世真访谈，2011 年 3 月 21 日，北京。资料存于采集工程数据库。

图 2-5 王世真在清华期间的留影（1935 年。王世真提供）

年，他的生活无忧无虑，很是富足优裕。

清华提供饮食的场所有校内、校外二种。在校内者称食堂，校外者称食铺。学生宿舍之二、三院均没有食堂，合作社内有一个中餐部食堂，另外由于学生名额增多，在新建的第四院右边兴建了一个独立的“大食堂”，是仿西式的自助餐厅，面积五六千平方尺，窗明几净，可容千余人同时进餐，内置两排长方形白光漆桌子，每桌可坐八人。初办时生意兴隆，后因不能赊账而清淡。教授宴客多借用工字厅。

王世真就餐都是到二院食堂，那里供应一、二院的学生伙食，早上吃馒头、稀饭、咸菜，费用不过一毛钱。牛奶由清华的牛奶厂供应，新鲜可口方便。王世真注重营养，每天必喝牛奶。三院食堂由左派学生成立的清寒同学会办理，比较便宜，生意兴隆。有时王世真也跟三五个知己朋友到合作社用餐，合作社在运动场旁边，亦即体育馆对面，内分许多部门，供应文具、西点、咖啡、红茶，其中餐部所做的菜比二、三院的味道还好。吃完饭，还可以顺便在合作社买西点拿回宿舍当零食，他偶尔也与同学们到北平城内去“打牙祭”，回校时大家在大门外的大摊子上可以买到炒花生、萝卜、柿子之类的食物。

总之，虽然多是富家公子，王世真他们在清华的伙食大致还是简单朴素的，因为校园四周没有很多住民，也没有市集，除了几家饭铺及一些小摊贩外，未能形成一个与清华共生的校边社区。与当时北京大学相比较，清华的外诱力较弱，而内聚力则甚强，读书、运动遂成为最高尚的享受。有几个暑期，王世真没有离开学校，以充分利用这个优美的读书环境，充实自己。

与王世真一起从其他学校转入清华化学系的同学共有七名，像张龙翔①、冯新德②，就是当时和王世真一起转学过去的，后来都很有成就。

在清华给王世真上过课的有黄子卿（1900—1982）、萨本铁（1900—1987）、张子高（1886—1976）、高崇熙（1901—1952）等，他们的治学方法和严谨作风，令王世真终身受益。其中，给王世真印象最深的是高崇熙。

1919年，高崇熙考入清华留美预备学校，于1922年赴美国威斯康星大学化学系学习。在伦赫（V. Lenher）教授指导下，于1926年以优异的学习成绩毕业，获博士学位。他的主要学术成就在分析化学和稀有元素化学方面，尤其对含硒化合物的研究以及微量元素的测定颇有造诣。他认为“化学是一门实践的科学，作为一位化学家，不但要有渊博的知识，而且要有熟练的实验技能，才能为应用打好基础”。1926年，高崇熙在获得博士学位后，回国到清华大学任教。此时清华刚由单纯的留美预备学校改为大学，高崇熙被聘为新成立的化学系教授，教授无机化学、定量分析化学等课程。1928年，又担任系主任的职务。为办好清华化学系，他邀请当时国内著名的化学家张子高主讲普通化学和定性分析化，萨本铁主讲有机化学，黄子卿主讲物理化学。他们和后来的李运华等人一起为清华大学化学系奠定了坚实的基础。高崇熙说：“我自己虽是一个化学家，但绝不是全才，所以各门主要课程都要请专家来教，这样才能博采众家之长，不存门

① 张龙翔（1916-1996），浙江吴兴（今湖州）人。1937年从清华大学化学系毕业，后来去了加拿大多伦多大学留学，1942年拿到哲学博士学位。1944年回国。专于生物化学，从事致癌芳香烃代谢作用、结核菌脂质、葡萄糖脂肪酸脂、蛋白质结构与功能等方面的研究。撰有《猪胰蛋白酶自溶后活性产物的亲和层析分离和动力学性质》《大熊猫及几种哺乳动物乳酸脱氢酶同工酶M的一级结构比较研究》等论文，与他人主编《生化实验方法和技术》。1981年5月至1984年3月，任北京大学校长。

② 冯新德（1915-2005），江苏吴江人。1933年他考入东吴大学，次年转入清华大学化学系。1946年入美国印第安纳州诺脱丹大学研究院化学系，在著名高分子化学家C．C．普赖斯（C. C. Price）指导下，完成了《氯代乙烯基萘的合成、聚合与共聚合》博士论文。学成后，他接受清华大学聘请于中华人民共和国成立前一年回到清华园。任清华大学化学系教授，兼辅仁大学化学系教授。1980年11月，当选中国科学院化学学部委员。

户之见。”当时国际上地球化学和生物化学已经在发展，他以未能聘到这方面的有关专家来校授课为憾。

高崇熙为清华化学馆的建设倾注全部心血，经常废寝忘食。无论是电器、上下水、煤气发生罐及管道、通风系统等设备的设计、施工到安装，他都亲自参与。对工程质量进行监督、检查和验收。他要求楼体坚固、结构合理，以保证适合各种实验之用；而楼外的装饰，则力求节约。工程不到两年建成，为教学和科学研究创造了有利条件。化学馆分为四层，面积约一万平方尺，第一层供理论化学及工业化学专用，有工业化学、理论化学、电化学及胶质化学四个试验室。第二层供普通化学专用，有普通化学及定性分析试验室三个，天秤室、陈列室及图书室各一个。第三层供分析化学及无机化学使用，有定量分析、无机化学、电分析、水分析、气体分析及燃料分析实验室各一个。第四层供有机化学使用，有普通有机化学、有机分析及生物化学试验室各一个。屋顶一层为储藏室。

抗日战争胜利后，高崇熙于 1946 年随清华回到北平，担任化学系主任。当时，图书杂志全部南迁运回，损失较小，但其他化学仪器、药品和实验室设施损毁严重。为使清华化学系重建，高崇熙再次付出巨大辛劳。

他在清华期间，担任定量分析化学、高等无机化学、稀有元素化学、无机制备、有机合成等课程。他讲课生动，内容丰富，采用启发式教学，培养同学独立思考和自学能力。他尤其重视实验课教学，要求非常严格，使学生掌握了实验技能，具备了独立工作能力。

高崇熙治学严谨，好学不倦，学识渊博，特别重视实践，他的大部分时间在化学实验室度过。不幸的是，他在“三反”运动中自杀了。杨绛先生在她的一篇文章中记述了她和钱钟书最后见到高崇熙的一段记忆：①

高先生是清华大学化工系教授，大家承认他业务很好，可是说他脾气不太好，落落难合。高太太善交际，所以我们夫妇尽管不善交际，也和他们有些来往。我们发现高先生脾气并不坏，和他很合

① 杨绛:《杨绛散文选》。北京：人民日报出版社，2009 年，第 205-208 页。

得来。大约一九五零年，清华附近建立了一所化工厂，高先生当厂长。他们夫妇迁进工厂，住在简陋的办公室一般的宿舍里。我们夫妇曾到他新家去拜访过两次。一九五一年秋，一个星期日，正是晴朗的好秋天，我们忽然高兴，想出去走走。我记起高太太送了我鲜花，还没去谢谢她。我们就步出南校门，穿过麦田，到化工厂去。当时“三反”运动已在社会上发动起来，但是还没有转为思想改造运动。学校里的知识分子以为于己无涉，还不大关心。我们进了工厂，拐弯曲折，到了高氏夫妇寓所，高太太进城了，家里只高先生一人。他正独坐在又像教室又像办公室的客堂里，对我们的拜访好像出乎意外，并不欢迎。他勉强请我们坐，拿了两只肮脏的玻璃杯，为我们斟了两个半杯热水瓶底带水碱的剩水。他笑得很勉强，和我们酬答也只一声两声。我觉得来得不是时候，坐不住了，就说我们是路过，顺道看看他们，还要到别处去。我们就起身告辞了。高先生并不挽留，却殷勤送我们出来：送出客堂，送出那条走廊，送出院子，还直往外送。我们请他留步，他硬是要送，直送到工厂的大门口。我记得大门口站着个看门的，他站在那人旁边，目送我们往远处去。我们俩走入麦田。我说：“他好像不欢迎我们。”“不欢迎。”“所以我不敢多坐了。”“是该走了。”我说：“他大概有事呢，咱们打扰他了。”“不，他没事，他就那么坐着。”“不在看书？”“我看见他就那么坐着，也不看书，也不做什么事。”“哦，也许因为运动，他心绪不好。”“我问起他们厂里的运动，他说没什么事，快完了。”“我觉得他巴不得我们快走”。“可是他送了又送。”这话不错。他简直依依不舍似的，不像厌恶我们。我说：“也许他简慢了咱们又抱歉了。”“他也没有简慢。况且，他送出院子不就行了吗？”我们俩自作聪明地琢磨来、琢磨去，总觉得纳闷。他也不是冷淡，也不是板着脸，他只是笑得那么勉强，那么怪。真怪！没有别的字可以形容。过了一天，星期二上午，传来消息：化工厂的高先生昨天自杀了。据说星期一上午，工间休息的时候，高太太和厂里的一些女职工在会客室里煮元宵吃呢，回隔壁卧房见高先生倒在床上，脸已变黑，他服了氰酸。我们看见他的时候，他大约正在打主意。或者已经打定主意，所以把太太支使进城。事后回想，他从接待我们到送我们出工厂大门，全都说明这一件事，都是自然的，只恨我们糊涂，没有及时了解。冤案错案如今正一一落实。高先生自杀后，高太太相继去世，多少年过去了，谁还记得他们吗？高先生自杀前夕，撞见他的，大概只有我们夫妇俩。

高先生离世时，仅五十一岁，那么能干的一个人，就这样走了，令人痛心。直到今天，还是有很多包括王世真在内的人都记得他。王世真在一篇纪念高崇熙的文章中，深情地回忆了这位大师的点点滴滴：①

二十世纪三十年代清华化学系给我印象最深的是：高度重视基础，大师云集。基础大课中，一年级是普通化学，二、三年级是分析化学、有机化学和物理化学，分别由张子高、高崇熙、萨本铁、黄子卿几位大师授课。到了四年级，才选修化学工程、胶体化学、高等有机化学等其他学时较少的课程。

几位大师中，我接触最多的无过于高崇熙老师。1934 年，他给我们讲授定量分析化学。上课时，他讲得非常快，每堂课我们要速写十几页笔记；如非课前预习很厚的经典课本，课后再重新整理笔记，是很难学得懂的。高老师还喜欢讲课中点名对学生问问题，使得连旁听课的学生也丝毫不敢懈怠。更令人难忘的是，那年每周五个下午都有实验课，每个学生要做三十二个 unknown 样品，包括几个混合物，误差不许超过 0.2%。同学们做一个样品，重复许多遍也不稀奇。这可算是我一生中受到实验能力最严格的训练。当时加班加点是常事，大家都感到很苦（有人甚至失眠或中途转系），但事后的确终身受益。无疑，高老师是出名的严师。

1935 年，有机化学课应由萨本铁教授主讲。可是，萨老师正遇到 sabbatical year（清华教授每四年享受一次的休假年），上美国去了。

① 王世真：《一代宗师，功垂千秋——深切怀念高崇熙教授》。见《高崇熙教授纪念塑像落成纪念文集》，未刊稿，2008 年。

高老师此时毫不费力地代上全年的有机化学这门大课。这让我深深钦佩高老师的博学。更令人惊奇的是，该课实验所用的试剂，不少是他和北大曾昭抡教授从蓖麻籽油里分离提取出来的简单有机物。这种自主创新的精神，在当年高校中是绝无仅有的。那时中国市场上纯化学试剂只有外国货，两位老师努力艰苦奋斗所给我们的教育意义远不止“节约”二字。

1951年我刚回国时，即受聘于（沙滩）北大化学系兼课。无独有偶，解放初期该系聘请的另两位兼职教授恰好就是高老师和曾昭抡老师（时任教育部副部长）。非常令人心痛的是，不久高老师竟突然地离开我们，而曾老师也在“运动”中受到多年不公正的待遇。作为“幸存者”，至今我在想，尽管自己已年迈体衰，如不尽力多做些力所能及的事情，岂不愧对这些高风亮节而又壮志未酬的前辈？

按近代中国化学家的成就来看，萨本铁绝对应该是第一人。萨本铁是萨本栋的胞兄，清华大学毕业后，他俩先后赴美留学，学成后又相继回母校工作。一个化学教授，一个物理教授，在清华大学曾是一段佳话。萨本铁四十多年的研究生涯中，研究范围广泛，除有机化学外，他还研究营养化学、生物化学与发酵化学，也从事药物、激素及维生素之合成研究，晚年并以合成治肺结核及麻风病的药而享盛名。

王世真在清华化学系学习期间，化学系开设二十多门课，除了化学史之外，每门课都有化学实验部分，当时清华的科研环境相当好。事实上，王世真在清华化学系读书的这几年，也是中国化学研究的一段黄金时期。

1932年至1937年间，中国的化学研究风气极盛，成果甚丰，发表论文甚多。《中国化学会会志》一至五卷共载论文：理论化学（物理化学）四十五篇、有机化学五十八篇、无机化学及普通化学十八篇、分析化学五十九篇、生物及营养化学三十篇、药物及农业化学十九篇、工业化学十八篇，共计二百四十七篇。但实际数目更多，例如吴宪有多篇论文即未收入。窦维廉报道1937年美国《化学文摘》中所载从中国发表的论文超过二百篇，可以说明国人从事化学研究态度之积极。

在这六年间，发表论文最多的是清华大学萨本铁，有九十四篇。其他中国化学家的代表性成果也有不少。如南京中央大学高济宇之酮类合成，袁翰青之联苯立体异构现象。原在中央大学后又任教于北京大学的曾昭抡则在有机合成、有机反应、醌类、谷氨酸、有机硅化合物、有机氟化合物和有机合物偶极矩之测定方面发表了六十八篇论文。北大物理系的吴大猷也做过许多有机化合物的光谱研究。协和医学院陈同度研究氧化还原电位、胱氨酸等，刘思职研究血浆蛋白质，张昌颖研究营养化学。燕京大学的蔡镏生研究相图、胶体化学等。清华大学高崇熙研究无机稀有金属元素之分析、有机分析与有机合成，张大煜研究电化学，黄子卿研究热力学以及严仁荫研究分析化学。金陵大学李方训研究多卤化合物的反应，潘澄侯以焦磷酸法测定锌。浙江大学周厚复研究电子的原子价理论及曼尼希反应等。

中央研究院化学研究所的重要成果包括：本国食品营养问题、国产天然药材、玻璃制造、平阳矾石矿业利用、有机合成、植物纤维、蛋白质、原子分子吸收光谱、人造药物及国产硫化矿提硫等之研究。研究员中除庄长恭外，吴学周的紫外、红外光谱研究，纪育丰的嘧啶及药物合成研究，杨树勋的化合物及缩合反应研究，许值方自中药提取植物碱的研究等，也都很出色。

北平研究院有镭学研究所郑大章研究西山温泉水之含氡量，以二氧化钛在沥青矿中将镤完全提出，开中国研究放射物质之先河。化学研究所张汉良等对国产活性炭、酮油、柏油等之研究，刘维涛等之物理化学研究，周发歧等之有机合成研究及杨光弼等之分析化学研究。药物研究所赵承嘏等在麻黄、贝母、延胡索、洋金花、除虫菊、曼陀罗、木防已、细辛、大叶茶等之化学成分及药理研究[①]。

王世真到了清华后，学习之余，还同洪盈保持着频繁的联系，两人俨然是一对幸福的恋人。洪盈生日时，王世真到清华邮局给洪盈发电报，祝她生日快乐。邮局的人很吃惊，燕京和清华也就半小时的路程，走过去亲

① 胡亚东:《20世纪中国学术大典·化学》。福州：福建教育出版社，2005年。

口说岂不更好，干吗要花这份冤枉钱！可王世真觉得用发电报的形式能给洪盈一个惊喜，更何况王世真当时是个不折不扣的贵公子，不差钱[①]。

本来，王世真应该在1937年毕业，但在1936年他接到在德国留学的堂兄王世中的来信，跟他说德国的化学教育非常好，让他也去德国。于是王世真决定离开清华，去福建泉州找父亲要旅费。临行时，他的三个最好的朋友到北平火车站送行，四人合影留念。[②]

图2-6 王世真与好友在北平火车站（1936年。自左到右：沈諆、冯新德、王世真、恽魁宏。王世真提供）

父亲并没有如王世真期望的那样拿出钱来支持他出国留学，只是跟他说再过一年就要大学毕业了，现在退学太可惜了，叫他先念完清华再做打算。王世真没能说服父亲，要不到钱，一气之下就剃了个光头，剃掉的头发也变不成钱，只好悻悻地返回清华，继续念书。没想到这次与父亲的不欢而散，变成了永别，有生之年，王世真再也没有见到过父亲。[③]

经过这么一耽搁，王世真缺了1936年的成绩，虽然他1937年就毕业了，但要补考1936年的成绩，学校于1938年才发给他毕业证书。

在同一时期，触目惊心的历史巨变又打碎了王世真安心读书的美梦。王世真保存着几张他自己拍摄的一二·九运动的相片，从相片里可以看出：被阻拦在城外的清华、燕京等校学生勇猛冲进西便门；警察用水龙头向学生喷射；前门派出所的警察正在上子弹来对付学生。进城之后，王世真在

① 王世真访谈，2010年9月18日，北京。资料存于采集工程数据库。

② 同①。

③ 同①。

图 2-7 一二·九运动时，王世真拍的照片（1935 年。王世真提供）

长安街首善医院看见了被大刀砍伤、满身是血的学生。

1936 年，清华决定南迁，通宵装书装机器，钉大木箱就像钉棺材一样钉在同学们的心上。这使学生们认识到：没有国，哪有家，哪有什么个人前途。王世真的许多同学在此期间都参了军，投入抗日救亡的阵线。另有大批的教授和学生长途跋涉，到贵阳、昆明、成都等后方继续教课和读书，王世真随大家到了内地。

第三章
才华初露

跟着刘绍光做研究

清华毕业后，王世真的第一份工作是到中央药物研究所做研究助理。当时中央药物研究所的所长是刘绍光（1897—1990）①。

刘绍光出生在湖北省嘉鱼县的长江北岸，一座风景秀丽的小镇。这里物华天宝，人杰地灵。明清时期，统计在朝廷做官的嘉鱼人共占有半个朝廷的职位，被誉为“嘉半朝”，而“嘉半朝”的许多才子是从这个小镇走出去的。

1924 年，刘绍光成为北平协和医学院首届毕业生。1924 年，刘绍光到英国剑桥大学进修。不久，考入德国柏林大学，就学于勃朗克、爱因斯坦等著名科学家，进修的主要课题为：勃朗克的量子力学，爱因斯坦的相对论，戈尔泰等人的理论医学、毒理学和心脏学等。1927 年，刘绍光在柏林

① 本文关于刘绍光的内容部分参考了张燃明的《中药现代药理学家刘绍光》一文。见《武汉文史资料》，2012 年，第 12 期，第 36-43 页。

大学完成进修学业，获医学博士学位。1928 年春，美国罗氏基金会赞助他去美国芝加哥大学进修理科。1929 年，刘绍光完成了理科进修学业，获哲学博士学位。

1932 年春，刘绍光夫妇绕道印度回国。在刘瑞恒（当时是南京政府卫生署署长）的支持下，刘绍光在中央卫生检验处的化学药物系中创办了中央药物研究室，并任室主任。当时只有两名研究人员，三名大学毕业生，加上总务、技工，全室不足十人。经费困难，仪器设备不全，刘绍光便将自己所有的医药学书籍和从国外购置的精密仪器，全部搬来公用。当时确定的研究课题是常用的中药。

鉴于药物研究室的影响不断扩大，科研任务不断增多，1936 年，卫生署下令将它改为中央药物研究所，刘绍光任所长。1938 年，刘绍光与另外五名科研人员辗转跋涉抵达云南昆明。与此同时，他托红十字会运往昆明的部分书籍、药品、仪器等也相继运到。但是，他们一时找不到落脚的地方，科研工作更无从谈起。在万般无奈的情况下，他们找到云南日用药品化学公司，与对方合作研究、生产广为社会所需要的云南白药、保险子和抗疟药品。日用药品化学公司因合作而盈利，刘绍光领导的药物研究所也因此获得了生机。

刚到昆明，刘绍光就发现南方疟疾横行，为害甚大而苦无良药。当他得悉山区民间有防治疟疾的秘方时，便亲赴文山、马关等边远山区进行实地调查，终于寻访到两个秘方：一是木犀科白蜡树属植物白枪杆的树皮，对疟疾有明显的解热作用；二是虎耳草科绣球属植物土常山的叶子，对恶性疟疾有显著疗效。他们经过反复实验，把两个秘方分别研制成“瘴灵”和“新灵”，其效力较奎宁大二十倍。

王世真在中央药物研究所上班的第一天，刘绍光所长就要求王世真和其他年轻人，用小剪刀连续几个小时把一张张一厘米宽、五厘米长的石蕊试纸各剪成一大堆像梨柄般的约一毫米宽的细条。并一再叮嘱王世真他们，每次测试酸碱度，只允许用小镊子夹起一小条试纸浸入待测溶液之中。当时王世真以为刘绍光大概是在考验他们的耐性，测试他们肯不肯花功夫干细活。后来王世真才明白，抗日后方各种试验材料都非常珍贵，一定要非常爱惜才行。

王世真在这里主要是在刘绍光指导下，做云南白药的有效成分研究。在 1938 年与刘绍光合写了论文《云南白药金刚散的研究》，这篇论文可以看作是王世真研究生涯的开端。但也正是这段经历，使得王世真认识到做中药研究想要出成绩很难，后来他就将注意力转向了西药合成。①

恩师袁翰青

1939 年，王世真得到了中英庚款基金会的资助，此时洪盈已到华西协和大学工作。华西协和大学是 1910 年由英国、美国和加拿大的五个教会组织在四川成都华西坝上建立的，相继成立的有文、理、医、牙、教育、宗教等学院及相应的系科。为了跟洪盈在一起，王世真也想到华西协和大学工作。这年暑期，因为日本侵华，天津沦陷，王世真不敢走天津，于是绕道石家庄，先去了西安小住几天，受到洪盈和家人的热情款待。

没想到本来准备去成都的王世真，途经重庆时，觉得重庆的研究环境比较好，于是改主意留在了重庆，到中央大学做了助教。

国立中央大学原本位于江苏省南京市玄武区四牌楼二号。全面抗战爆发，敌机轰炸频繁，中央大学图书馆、实验中学、大礼堂和牙医专科学校都遭到了破坏，校长罗家伦在大礼堂的办公室也被炸得面目全非。1937 年 9 月 23 日，教育部准予中央大学西迁。可以想见，整所大学的千里大迁徙，其工作是极为艰巨繁杂的。当时南北各大学在迁移过程中，都备尝艰辛，损失严重，而中央大学一举西迁重庆，1937 年 11 月初，就在重庆开学复课，直到抗战胜利，教学从未间断，损失最小，秩序最为稳定，这在当时全国高校中，确是绝无仅有的奇迹。西迁后的中央大学分为四个部分：重庆沙坪坝本部、柏溪分校、成都医学院和贵阳实验学校，其中沙坪坝本

① 王世真访谈，2010 年 9 月 18 日，北京。资料存于采集工程数据库。

部松林坡，仅是一个小山丘，紧邻重庆大学，占地不足二百亩。为了保证中央大学迅速复课，整个校舍工程，仅用了四十二天时间，就建起了一排排低矮的教室和简陋的宿舍。入川后第二年，学生人数激增，罗家伦又争取到沿嘉陵江而上的柏溪，在那建立分校，突击两个月，建起了四十四幢校舍。

就在这种简陋困顿的教学条件下，在呼啸不断的炸弹声中，中央大学扩大办学规模，延聘名流学者，增设新兴系科，将原教育学院调整为师范学院，同时增添了七系一科，1938 年又创办了“国立中央大学研究院”，分设九个研究部。中央大学成为当时全国高校中门类齐全、院系众多、规模最大的大学，以致在全面抗战最初几年的统一招生中，把中央大学作为第一志愿填报的考生，占当时全国考生数的三分之二。①

王世真在国立中央大学的导师是著名的化学家袁翰青（1905—1994），王世真在袁翰青教授的指导下做有机化学合成的工作。

袁翰青出生在江苏省长江入海口北岸的一座古老的城市通州。在南通师范学校上学时，袁翰青因为完成作业认真，课堂经常提问，很受老师的喜爱，经常给他一些英文书籍和资料让他比别人多学一些，因此袁翰青的英文水平提高很快。他后来考入清华，留学美国，在几所大学任教，都得益于这个时期打下的英文基础。而化学老师尤慎铭条理清楚的讲课及有趣的实验课，直接促使袁翰青日后选择了化学专业。

袁翰青就在 1929 年作为国立清华大学化学系的第一届毕业生，因成绩优秀被公派到美国继续深造。袁翰青于 1929 年秋天先到达美国西部滨太平洋的加利福尼亚州理工学院学习，于 1930 年春天来到伊利诺伊大学，在通过了语言考试之后，他的导师让他直接做化学研究工作，进行博士论文的实验工作。袁翰青的博士论文是研究联苯的光学异构现象。在这篇论文的基础上，他和导师合写了有关联苯立体化学的长篇综述性文章，这篇文章后来成为许多高等有机化学及立体化学专著所引用的经典文献资料。

袁翰青当年为王世真选定的研究题目有两个，一个是合成一种自然界

① 陈远：《逝去的大学》。北京：同心出版社，2005 年，第 102 页。

不存在的、但很可能会有生物活性的氨基酸；另一个是抗疟疾特效药扑疟母星的合成。当时正值抗日战争，云南、缅甸一带的抗日部队在丛林作战中深受疟疾的侵害，急需特效的抗疟药。因为缺乏中间物，该药的母核和侧链都要从最基本的原料（如苯酚和乙醇）做起。从这两个题目可以看出，袁翰青既重视创新意识，追求改造自然，有所发明，又勇于挑起解决重大实际问题的重担。在袁翰青的指导下，王世真设计了一个十四步的合成途径。在完成了十二步反应之后，因基本原料的供应跟不上，试验被迫中断。①

虽然抗战时期日子艰难，但王世真身旁的袁翰青，却精神抖擞，夜以继日地勤奋工作。他那时只有三十几岁，已当选为中国化学会秘书长。他不顾困难，几乎单枪匹马、全力以赴地竭力开展学会工作。首先，他招兵买马，壮大学会队伍。中国化学会成立于 1932 年，王世真于 1934 年加入该会，成为学生会员。1940 年，就是遵从袁翰青的建议，王世真转成永久会员，由袁翰青亲自充当介绍人。中央大化学系师生，经他发展入会的，估计为数不少。其次，他积极组织学会的学术活动。在日本轰炸机随时都可能丢下炸弹的嘉陵江两岸，学会的学术活动竟能奇迹般地定期举行，袁翰青功不可没。袁翰青还兼任中国化工学会重庆分会会长。他安排王世真参观永利造碱厂及重庆炼铜厂，还先后邀请侯德榜厂长和叶渚沛厂长（他们和袁翰青一样，后来都成为中国首批学部委员）作高水平的报告。

当时，王世真和袁翰青、袁翰青的同学以及袁翰青的一个研究生四人共用一间实验室，晚上一般只有王世真一人住在实验室里。隔壁是四年级研究生的实验室，只有一位陈姓女生住在里面做试验。②

西迁后的中央大学，时常受到敌机的袭扰，沙坪坝的图书馆、校舍，成都医学院等都曾遭到破坏。森林系的一位教授，曾对沙坪坝的空袭作过详细统计，有一个月空袭高达二十八次，有一天多达五次。频繁的空袭，使得钻防空洞成为中央大学日常生活中的一个重要组成部分。有一次空袭之后，中央大学整个女生宿舍被夷为平地。在另一次空袭中，嘉陵江对岸

① 王世真访谈，2010 年 9 月 18 日，北京。资料存于采集工程数据库。

② 同①。

造纸厂被炸毁，该厂的一位工程师（王世真的清华同班同学）的妻子、儿女全被炸死，其四肢都被炸飞后挂在树枝上。不久，重庆一个大防空洞的两端都被炸塌，造成数万人埋在其中的惨案。

年轻的王世真才气横溢，面貌英俊，性格温和，很容易获得女孩子们的好感。每次躲空袭时，陈小姐就找王世真一起去钻防空洞。时间一长，两个年轻人的心中生起一种特殊的情愫，而且这团火一样的东西伴随着每一次躲空袭的行动，慢慢生长，等王世真自己真切地意识到危险时，两人的感情已经变得很深厚了。①

王世真主观上并不想辜负洪盈，他处在深深的矛盾之中。

正在这时，王世真得了痢疾，在他生病期间，陈小姐无微不至地照顾他的起居，令王世真感动之余，更加为难了。1940 年年底，洪盈来信了，信中说她打算近日到重庆来看望王世真。接到信，王世真吓坏了。毕竟他才二十多岁，他是个诚实认真的人，实在没本事同时周旋于两个女孩子之间。更何况自知理亏的他，也没有勇气面对洪盈。②

图 3-1　王世真与袁翰青两家合影（二十世纪五十年代。王世真提供）

恰巧，贵阳医学院生化系主任杨葆昌先生打电报给袁翰青，请他推荐一个人去贵阳医学院当化学讲师。袁翰青推荐了王世真。其实王世真当时很年轻，从未讲过课，而袁翰青是个好老师，他讲课生动，引人入胜。袁翰青鼓励王世真去贵阳，并且手把手教王世真

① 王世真访谈，2010 年 9 月 18 日，北京。资料存于采集工程数据库。

② 同①。

如何写教学提纲，如何突出重点，如何引起学生学习的兴趣，把他自己备课、预讲、登台授课注意事项的每一细节都传授给王世真，使王世真终身受益。①

于是，王世真逃也似地离开了重庆，与陈小姐的关系也就不了了之了。②

王世真与袁翰青的友情持续了一生。二十世纪五十年代，各个单位都曾掀起向科学进军的热潮，北京协和医学院让王世真请人来做一次全院学术大报告。王世真立即邀请袁翰青。他接受了邀请，作了原子能科学技术及其应用的报告。袁翰青本人并没有从事过原子能的工作，他却能极其精辟地、深入浅出地给大家讲物质的结构、放射性的发现、原子核反应、原子反应堆的原理、原子弹的威力、核电站的建设，以及放射性同位素在工业、农业、医学和科学研究等各个领域中的应用③。袁翰青的精彩报告使在座者大开眼界，博得普遍的好评。可见袁翰青不但是个杰出的化学专家，而且知识面非常广。

袁翰青临终时，住在协和医院，王世真一直陪伴在身边。

堂兄王世威

王世真师从袁翰青之际，国难当头，日机对重庆狂轰滥炸，物价飞涨，衣食住行无不遇到极大困难，人们心情沉重，有的甚至悲观失望。王世真记得，抗战期间堂兄王世威在贵阳与大学同班同学潘琼婧结婚前，特意给当时在重庆的王世真打电报，请他做伴郎。参加王世威的婚礼，是在那个艰难困苦的年代王世真仅有的几件开心事之一。

王世威是王世真的堂兄。两人的父亲在第一次世界大战期间都留学日

① 王世真访谈，2010 年 9 月 18 日，北京。资料存于采集工程数据库。
② 同①。
③ 同①。

本，并在日本生下了王世威和王世真。因王世威出生在东瀛日本，所以世威的弟妹们都管王世威叫瀛哥[①]，而不是威哥。

王世真的祖父母生了十一个儿子，其中最小的两个就是王世真的父亲王孝缃以及王世威的父亲王孝绮。他们俩是众多的兄弟中年龄相近的两个，因此从小关系亲近。王世真这一辈有三十多个兄弟姐妹，王世威和王世真只差两岁，所以关系也比别的堂兄妹更亲密。

他们都是各自父母的长子，都上了清华大学，而且还是同班同学；抗日战争中又都在贵州工作。中华人民共和国成立后，还曾同时入选四川省人大代表。

王世威曾赢得清华大学三级跳远的冠军。他还喜欢演话剧，在清华演过有名的男主角。王世威精力充沛，善于社交，组织才能出众。每逢假日必邀高低班好友，举行茶会联欢，增进同学友谊。

王世真擅长打乒乓球，而王世威喜欢踢足球，他是清华校队的队员。在一次比赛中，王世威被对方一个高个队员一头顶飞了，落地时摔伤了胳膊，王世真急忙叫了小汽车送王世威进城去协和医院诊治，护送王世威进城的王世真当时坐在王世威身边，看着王世威痛苦的样子，忧心如焚。一时嫌车开得太慢，一时又怕车子太颠，好在经过治疗，并无大碍。[②]

王世真最难忘的是 1952 年回国不久后，王世威对他的呵护和照顾。因为与同事们发生了激烈争论，强烈的思想冲击使王世真患了精神病。当时有些同事说协和医院的医术并不高明。王世真说："汽车优于马车，马车优于手推车；协和的技术的确比较高。只能说老百姓坐不上汽车，协和只为有钱人治病。"还有同事说王世真只迷信西药"可的松"，而不相信苏联的"鸡血疗法"。王世真说："可的松化学结构肯定，疗效经过实验证实；鸡血疗法则尚待科学验证。"类似这样的争论还有很多。最终，王世真病了，没法上班，只能在家中休息。当时王世真的卧室在三楼，王世威怕王世真乱跑出危险，就睡在地板上堵着门，守护着王世真。那几天，王世威白天从单位请了假过来看护王世真，晚上就和衣躺在地板上守着堂

① 王世真：《瀛哥，我们永远怀念你》。《清华大学校友通讯》，2009 年。

② 同①。

弟，还不时侧耳听听王世真的动静。[①] 不知谁将王世真生病的消息传到美国，美国的广播电台就发布了一则新闻，说王世真回到大陆后便疯了，自杀了云云。这次病愈后，王世真深谙了肉体的脆弱性，他的思想有了很大的转变。

王世真决心在未来的日子里要善待自己的身心，特别注重心理健康。对事虽然不能无原则地随意妥协，但是对人妥协，尽量避免无谓的争吵，以免伤害身心。从此，这个原则变成了他生活的准则。

王世威心肠软，一生最看重的就是亲情、友情、爱情，特别具有服务、奉献的精神。王氏家族的族谱就是王世威花了十多年的心血续编的，为族人办了一件大好事。其后，他又征集、刊印了《西清王氏族人写真集》和《西清王氏族人及后裔通讯录》。

另外，王世威不辞辛劳地将他的母亲、王世真母亲、王世襄母亲等的诗词选编付印。王氏家族所有的族人对于王世威对整个家族的奉献都很感激。王世真的四伯父去世时，大家公推让王世真保管王家祖传的字画、文物。王世威从外地回京安家落户后，王世真将这些文物全部移交给他了，在王世真看来只有王世威才是全家族的核心，在整个家族里，他是最可靠、最得人心的人。王世威回北京定居后，每年总是由他召集在京的族人聚会一两次，平时也是由他和台湾与海外的亲属沟通联系。[②]

“文化大革命”期间，王世威被调动工作到渡口市[③]。尽管他是土木系出身，设计公路、桥梁是他的专长，可为了渡口三线基地的需要，他克服困难，在当地设计、建成了电厂、水泥厂、洗煤厂、硅酸厂等重点工程，为当地建设做出了卓越的贡献，因而被渡口市选为四川省人大代表。1987年，为纪念胞弟，已故美籍华裔生物化学家、北大校友王世仪教授在化学领域的突出成就，王世威从政府发给他因“文化大革命”期间被抄家而遗失的文物的八万元补偿金中拿出六万捐赠给北京大学，在北京大学设立了“王世仪化学奖学金”。该奖学金每年奖励两名化学学院的优秀研究生，每

---

① 王世真：《瀛哥，我们永远怀念你》。《清华大学校友通讯》，2009 年。

② 王世真访谈，2011 年 3 月 12 日，北京。资料存于采集工程数据库。

③ 1987 年，经国务院批准更名为攀枝花市。

人奖励五千元，合计奖励总额为一万元。

前些年王世威去世，王世真写了一篇情真意切的纪念文章。

结　婚

抗战期间，因为医药人才奇缺，教育部在1937年年底正式决定在贵州省贵阳市建立国立贵阳医学院，是全国仅有的九所国立医学院之一。①

贵阳医学院初创时期，教学体制仿效美国，并受到英国医学教育的影响，在教学计划、教材使用、教学方式方法以及教学规章制度等方面大部分吸取了北平协和医学院的经验。当时延聘的很多知名学者、专家、教授，大都直接来自协和医学院，如李宗恩②院长毕业于英国格拉斯哥大学，获得伦敦大学博士学位后，曾在协和医学院任教多年。这些学者、教授在学术上具有很高的造诣，教学上具有丰富的理论和实践经验，为贵阳医学院开创了严谨治学、严格训练的风气。

在课堂讲授方面，除少数课程如物理学用萨本栋的大学物理学课本外，多数课程都没有教材，由教师教授，学生笔记，对一些医、药专门名词和学术术语，由老师写在黑板上。在各门课程的实验实习方面，教师对学生要求非常严格，并注意培养学生认真负责的学习态度和求实求精的精神。如生理学实验时要求学生对实验动物如像对待病人一样，要按正常手术程序进行操作，绝不可马虎从事。学生做完实验写实验报告时，绘图纸上必须用彩色铅笔标明组织结构等方面的变化，同时用英文加以标记。学生进入临床教学实习后，教师要求对见习病例要写完整的病历，对不合要求的病历，如字迹潦草或词句不通的、询问病史或体检不全面的，都要求

---

① 张美祥:《贵阳医学院院史 1939-1984》。未刊稿，1987年，第34页。

② 李宗恩（1894-1962），江苏武进人，热带病学医学家及医学教育家；幼时就读于其父所办之新式小学，后来进入上海震旦大学学习法文。1911年夏季赴英国留学，1920年毕业于格拉斯哥大学医学院，1921年参加英国皇家丝虫病委员会赴西印度考察热带病，1923年回国。1937年秋开始，南下筹办贵阳医学院，担任院长职务；1947年5月赴北平担任协和医学院的院长。

一一改正并重写。

就在贵阳医学院，王世真碰到了他清华大学的校友王志均，后来，他们俩的友谊持续了六十多年。

王志均（1910—2000），1910年出生于山西省昔阳县东寨村一个中农的家庭。因为太行山区土地贫瘠，家庭生活十分拮据。家中有祖母、父母、姐姐、弟弟、妹妹，连他七口人。全家依仗父母务农维持生活。幸运的是，他所在的村是全县文化水平最高的村子。全村有大小地主十来户，前清举人两名，还有六个人曾经留日。因为这些人的子弟也要上学，所以本村小学办得很好，聘请的教师水平也较高。

一个偶然的机会，他听说在山西省太谷县有一所铭贤中学，是由美国欧柏林学院（Oberlin College）兴办的教会学校，学费低，而且可以工读。1926年暑假，他前去报考，结果以特别优异的成绩被录取。铭贤中学经费充足，设备也比较好，校园环境优美宁静，而且有很好的校风。他在学校里承蒙国文教师赏识，幸运地被推荐到校刊编辑部工作，所得报酬足够生活费用。1932年，他高中毕业。同年，他考取清华大学。当年清华大学从五千名考生中录取了三百五十名。

1941年8月至1946年7月间，王志均任贵州贵阳医学院生理学教师。虽然王世真在清华园念书时两人就已经认识，但真正相熟却是两人在贵阳医学院教书的时候。两家是邻居，都住在又湿又潮的土房子里，每天都要生煤炉烧水煮饭。出身富裕的王世真不会生煤炉，王志均耐心地教王世真一家人怎么生炉子。王世真看王志均把劈柴切得特别细，码成整齐的柴垛，每天利索地把火生好，感到很新奇。

在贵阳医学院基础部，他们两人的教研室靠得很近，生化、生理和病理解剖教研室排成一排，都是战时搭起来的茅草房。王世真所在的生化室这边用玻璃瓶、玻璃管带学生做实验；而王志均的生理室那边常常拿狗做实验，由王志均教学生怎么打开狗的肚子。[①]

---

① 王世真访谈，2011年3月12日，北京。资料存于采集工程数据库。

王世真到贵阳医学院后，洪盈让王世真帮忙跟张孝骞[①]联系，她想到湘雅大学教书，这样两人就能在贵阳团聚了。

创始于1914年的湘雅医学院是中国近现代一所非常著名的高等医学院校。在医学教育界素有“北协和，南湘雅”的美誉。湘雅医学院是中国规模完善的第一所现代医学院，1938年8月，湘雅医学院迁校委员会议决迁校于贵阳；10月，师生及图书、仪器、标本及办公要件均安全抵达贵阳，时有教职员工及一至四年级学生共二百六十多人。是月，湘雅与由南京内迁贵阳的外科学家沈克非为院长的中央医院商谈合作，使湘雅医学院获得一良好的临床教学基地。当王世真到达贵阳医学院时，张孝骞是湘雅医学院院长。

当湘雅医学院的张孝骞给王世真写信，让他去湘雅医学院教生化课之际，王世真又陷入了另一场恋情，对方是后来成了他妻子的贵阳医学院三年级美丽女生黄景泉。这一次跟上次不同，王世真心中的感情天平明显地偏向黄景泉。但他分明知道洪盈的好，记得洪盈对自己的一往情深。为了不做负心郎，熄灭这段师生之间熊熊的爱恋火焰，看来只有破釜沉舟，与洪盈结婚了。于是，他给洪盈的姐姐洪晶写了一封信，让其劝说洪盈赶快与自己结婚。[②]

洪晶接到信，有些纳闷。这个聪明理性的姐姐以她一向简短、明快的方式回复了王世真：结婚是你们两人的事情，我觉得你应该直接给洪盈去信商量。她不知道王世真是因为自觉道义上辜负了洪盈，没有勇气面对洪盈，才给她写信的。接到洪晶的回信后，王世真没办法，只好自己给洪盈写信了。他在信中要求洪盈马上跟自己完婚。

完全不知情的洪盈，看到王世真突然写来的求婚信，并未生疑。她是个单纯的姑娘，哪里想得到此刻王世真的处境好似一个溺水的人，也许她答应立即结婚会是挽救他们摇摇欲坠的爱情的那根救命木头。完全不知情

① 张孝骞（1897–1987），出生于湖南省长沙市的一个教师家庭。1914年9月，考入长沙湘雅医学专门学校。1921年7月，在湘雅医学院专门学校取得学业成绩和毕业论文两个第一名，被美国康州政府授予医学博士学位。毕业后，留校担任内科学助教，兼任湘雅医院住院医师，总住院医师。1937年6月，张孝骞代理湘雅医学院院长。

② 王世真访谈，2011年3月12日，北京。资料存于采集工程数据库。

图 3-2　王世真与妻子黄景泉（1941 年。王世真提供）

的洪盈是这样回复王世真的：我们都还年轻，先不要急着结婚，应该好好工作几年，给各自的事业打下一个基础。

收到洪盈的来信，王世真叹了一口气。他心情很复杂。洪盈是那么的美好、那么的单纯！而年轻可爱的黄景泉就在眼前。洪盈拒绝了他的求婚。王世真也暗暗松了一口气，他决定与黄景泉结婚。

王世真当然记得洪盈曾托他向张孝骞推荐自己，可现在已经准备与黄景泉结婚，自然不能再把洪盈弄到贵阳来与自己同处一地。既然没能介绍洪盈去湘雅医学院，王世真也不好意思自己去。于是，王世真给张孝骞回信，拒绝了张孝骞让他去湘雅医学院的邀请。

王世真给洪盈写信通知了她自己将与黄景泉结婚的消息，洪盈立即回了一个电报，上面只有简单的五个字：祝新婚快乐！遥想洪盈当年收到消息时的震惊、故作镇定、负气与大度，不由得叫人感慨万千。

多年以后，王世真想起这一段往事，仍觉得愧疚。他是个诚实的人，同时也是一个多愁善感、温柔犹豫的人。因为多情，每遇到一个让自己心动的人，就只看得见她的优点，感受到的是她对自己的好，所以很难在每一段感情中拔脚而去。因此今生留下许多遗憾，总是难免。

后来，黄景泉去沈阳出差时，在沈阳工作的洪盈对黄景泉非常友爱，照顾有加。王世真夫妇对此非常敬佩和感激。①

离开贵阳医学院

令年轻的王世真没有想到的是，他与黄景泉结婚的消息在贵阳医学院引起了轩然大波。在当时，教师和学生结婚，细究起来，也算得上是不伦之恋。本来，贵阳医学院在相当长的一段时间内，人际关系比较好，师生恋虽然不宜提倡，但也不会拿它大做文章，大动干戈。可是王世真结婚的时候，正好赶上原来的训导主任汤佩松教授在西南联大成立以后回清华研究院去了，这位颇得人心的训导主任一离开，教育部派来了新的训导主任。这个在贵阳医学院师生中受冷遇的政治官员一次次找校长李宗恩去啰唆，要李宗恩开除黄景泉，解聘王世真。

李宗恩在贵阳医学院房子住得紧，生活也过得紧巴巴的。餐桌上一般是两个菜，一个有一些肉或蛋，算是荤菜，另一个就是素菜，对三个正拔节往上长的孩子来说，饭菜的量也不够。1944 年年初，李宗恩日渐消瘦。医生说他的营养太差，要他一天加两个鸡蛋，他没有接受这一建议，因为难以为继。但对生活上的这些困难，他都处之泰然，并且总是保持着一种幽默。他很年轻就开始谢顶，这时就更显得秃了。一天他去理发，走进店门就问："怎么样，不摘围巾行吗？"那位熟悉他的理发师笑着说："行啊，您不摘帽子也行！"②

面对训导长的一次次强硬要求，李宗恩只有客客气气地暗示他，对于科学家、医生和医学生的管理要宽松一些。其实李宗恩非常欣赏王世真的才气，希望能把他保下来。可这位训导长不肯善罢甘休。

最后，这场风波以王世真自己辞职而平息。

① 王世真访谈，2010 年 3 月 12 日，北京。资料存于采集工程数据库。

② 李宗瀛：《回忆李宗恩》。《百年》，1999 年，第 9 期。

王世真后来能从美国回国，时任协和医学院的院长李宗恩给他写的一封亲笔信起了很大的作用。对于李宗恩，王世真前半生一直怀着感激之情，而后半生则是对他心中充满内疚和自责。那是 1957 年，积极要求进步的王世真去北大、清华学习了当时的大字报精华，深受启发，一联系实际，就觉得协和的院长李宗恩也应该被批判，更何况他看见李宗恩的儿子（曾是地下党员）也上台批判李宗恩，于是他也批了，他的批判稿当时还登在了《人民日报》上。

1957 年，李宗恩被打成右派，随后下放到云南昆明，任职于昆明医学院，于 1962 年病逝于昆明。这期间，王世真再也没有见过李宗恩，心中留下了永远的遗憾。说到底，王世真是个做研究的，对政治很不在行。与科学研究相比，政治完全是另一门学问。

辞职后的王世真，自然也无法进入湘雅医学院和华西医科大学继续教书，这个圈子并不大。王世真于是去了贵州大学。

艰难岁月

1928 年 3 月，省立贵州大学正式建立。因时局动荡，省库空虚，经费无着，贵州大学于 1931 年 1 月被迫停办。1939 年，贵州省第一届临时参议会通过设立贵州大学案，经 1940 年 1 月国民政府教育部审议，行政院批准，决定先设立国立贵州农工学院。1942 年 5 月，国民政府行政院正式批准成立国立贵州大学，国立贵州农工学院归并国立贵州大学，由陈立夫的亲信骨干张廷休任校长。

由于王世真在贵阳医学院做过两篇论文，得到了教育部颁发的讲师证书，凭着这张证书，王世真到贵州大学一年后便得到了副教授的职位。这时的王世真年仅二十七岁。

此时，黄景泉也已经从贵阳医学院退学了，当务之急是要让她完成学业。王世真于是把能卖的东西都换成钱，让黄景泉带上，帮她联系了当时地处江西的中正医学院，送她上路。中正医学院是当时江西唯一的本科医学院，由于受到当局的重视，经费较其他学校充裕，并且有一流的医学教育家王子玕（美国圣路易大学医学博士）长期主持校务，工作自有其特色，因而在全国也颇有名气。

黄景泉在中正医学院时，王世真将家中所有的钱都汇给了黄景泉，黄景泉怕通货膨胀，将钱全部买成了货物。第二天，日本人打断了湘桂铁路，黄景泉跟着大家逃难，买的东西无法随身携带，结果又变得身无分文。在战火纷飞的年代，日军侵占贵州独山后，王世真和妻子的联系中断了三年之久，一对相爱的人分别三年，音信不通，只能在心中默默思念和牵挂，这种痛苦和忧虑，不是过来人很难体会。三年后，黄景泉从中正医学院毕业后辗转到达上海后与当时恰在上海参加出国考试的王世真重逢。

武汉、长沙、广州等地先后被日军占领，内地物质条件极其困难，物价飞涨，民不聊生。在这期间，远在福建的王世真母亲和妹妹将福建的房屋田产变卖成五千元现钱，也到贵州投靠王世真。谁曾想到，物价飞涨，五千元钱到贵阳后很快变得几乎一文不值。此时，妻子已经产下一子，王世真本是个不谙世事的阔公子，现在作为一家之主却要负担五口之家（母亲、妹妹、妻子、儿子和王世真自己），全家曾经长时间每天只吃两顿稀粥，盐拌黄豆成为唯一的就着喝粥的菜。曾经有段时期，母亲、妹妹带着王世真的儿子先后逃难到遵义，王世真一人留在贵阳工作。[①]

由于王世真的母亲好客，待晚辈们和善，跟王世真同辈的族人都很敬爱她。抗战时期，王世真的堂哥王世圻任西南公路运输管理局局长，从事整顿川、湘、滇、黔、桂五省国道的运输。他得知王世真母亲也在贵阳，于是公务之余，专程来看望。小汽车一直开到王世真家门口。只见他跳下车，西装笔挺，手里举着一瓶美国产的高级洋酒作为送给婶婶的礼物。大家坐下来开开心心地叙旧，王世真母亲并没有和这个侄儿说起生活的困苦，她一直就是个坚强、兴致高昂的人，她给侄儿念她的新诗，和他大声地说笑，王世圻压根儿就没看出来王世真全家生活艰难到什么程度，作为

---

① 王世真访谈，2010 年 7 月 20 日，北京。资料存于采集工程数据库。

官员，他可能也想不到战时的副教授收入多么惨淡。

有一天，黄景泉出门看见有卖豆腐的，就咬牙买了一块想给孩子补充点营养。这一咬牙，半个月的伙食费没了。王世真觉得黄景泉容易冲动购物，决定收回财政大权，亲自掌管伙食费，以保证家里不断炊。从此，王世真家的财权一直由王世真掌握。[①]

身处乱世，经过这段岁月的磨炼，王世真突然成熟了。为了带领全家走过艰难岁月，他全力以赴，运筹帷幄，从一个不知世道艰难、柴米贵贱的富家公子，变成了一个家庭的顶梁柱，一家人的生计都担在他肩上。这样的岁月，尤其需要乐观的心态，需要坚韧不拔地怀揣希望慢慢熬。王世真说他就在这段岁月里，养成了凡事力争最好的可能性，同时也要做最坏的打算的处事习惯。

兼职战时卫生人员训练所

光节流远远不够，还要设法开源才行。王世真又在测量学校兼职教课，同时参加了战时卫生人员训练所的工作，任训练所化学组组长。

旧中国的军医系统很不健全，一缺合格的医护人员，二缺充足的医疗卫生设备，三是军事领导人又不重视，一切穷凑合。抗战军兴，军队大量扩充，合格医务人才本来就少，自然更难招募，只好以不合格人员补充，滥竽充数。结果，影响伤病员的有效治疗和康复。但战争的需要，刻不容缓，出路何在呢？林可胜先生想，唯一应急办法就是征调在职的原有医护人员，给以短期快速补充训练，以期他们的业务水平有所提高，满足当前的急需。在林先生的倡议下，1938 年，在汉口首先成立红会救护总队与卫生署合办的战时卫生人员训练班，后改为军政部内政部卫生人员训练所，到了图云关后，才改为军政部战时卫生人员训练所。图云关在四十年代初

① 王世真访谈，2010 年 7 月 20 日，北京。资料存于采集工程数据库。

是自贵阳通往广西、湖南的咽喉要道。训练所成立分所之后，战时卫生人员训练所又改称战时卫生人员训练总所。总所主任是林可胜（兼），副主任是协和医学院 1929 年毕业的红会指导员、外科专家张先林（兼）。①

王世真当时担任战时卫生训练所化学组组长，后来又兼任生化组组长，军衔是中校，但在薛庆煜先生的文章《记中国红十字会救护总队与战时卫生人员训练所》中并没有提到。

卫训总所不仅在抗日战争中做出了重大贡献，而且在战后，其成员在我国的医疗卫生事业中也起到了重要作用。

在战时卫生人员训练所时，既要让学生做有机化学实验，又不可能花有限的经费去购买大量试剂与器材，只好大力探讨半微量操作技术，使所有实验都能用教员自己吹制的特殊小型玻璃管进行。这对于王世真日后从事放射性化合物合成工作很有好处。当他们研制生物医学中最常用的示踪物时，要用价格昂贵的原料，每次合成的原料用量最好只用几十毫克，最多也不宜超过几百毫克。在这种情况下，假如研究对象是挥发性的化合物（比如提纯 0.5 毫升含 ^{14}C 的碘化烷），用一般蒸馏法是不可能办到的。但王世真用真空密闭系统及低温操作的半微量合成方法，可以得到高达

① 根据薛庆煜《记中国红十字会救护总队与战时卫生人员训练所》一文（见《中国科技史料》，1999 年第 20 卷第 2 期）记载：卫训总所设学组十八个，学组的负责人及其主要教官就记忆所及，罗列如下：组织学组（相当于教务处）马家骥（先），协和医学院 1934 年毕业的汪德熙（后）；内科学组协和医学院 1933 年毕业的周寿恺，主要教官有陶桓乐、曾享能、吴国兴；外科学组张先林，主要教官华侨王贵恒、协和医学院 1938 年毕业的刘庆东、周金华和中央大学医学院毕业的张涤生等；妇产科学组协和医学院 1937 年毕业的熊荣超，主要教官协和医学院 1937 年毕业的徐湘莲和香港的何绮华；儿科学组协和医学院 1936 年毕业的聂重恩，主要教官陶淶；防疫学组协和医学院 1931 年毕业的容启荣（先），英国留学归来的施正信（后）和协和医学院 1940 年毕业的薛庆煜（代），主要教官王申望、方铨等；矫形外科学组德国留学归来的屠开元，主要教官王桂生；X 射线学组荣独山（兼），主要教官曾在协和医学院进修的林伯元、石顺起、龙名扬等；护理学组协和医学院护校 1930 年毕业曾获美国双重硕士学位的周美玉，主要教官齐鲁大学的孙秀德和协和医学院 1932 年护校毕业的龚棣珍；眼耳鼻喉学组李泰钧，教官董民生（中华人民共和国成立后曾任河南医学院副院长兼省政协副主席）；理疗学组张天民；物理学组钱家骐，教官顾菊珍；生物学组康乃尔大学出身林绍文（先），曾在华盛顿大学进修的梁序穆（后），高级教官许织云；生理学组柳安昌，高级教官协和医学院进修过的吕运明（新中国成立后任青岛医学院生理教研室主任教授）；生化学组主任曾在协和医学院与美国进修的李冠华；环境卫生学组过祖源（先），哈佛大学毕业的刘永懋（后），交通大学毕业的倪世槐和戴根法为高级教官；微生物学组陈文贵，高级教官有协和医学院 1932 年毕业的林飞卿和叶天星与史敏言；复健学组邹玉阶。

99.9% 的产率，整个纯化过程只需 10 分钟。[①]

就这样，靠着王世真三份工作的收入，勉强维持着一家五口人的生活。

在艰苦的抗战期间，中国化学界的研究者们的研究工作并没有停顿，例如中央研究院化学研究所庄长恭、马集铭、高怡生、黄耀曾等，于 1939 年到 1941 年继续完成了五篇有关甾类合成的论文，并在德国发表；吴学周完成乙二醛（Glyoxal）衍生物之吸收光谱及反应动力学研究，部分成果发表在英国的化学会志中；张青莲先后在光华大学、西南联大及北平清华大学自 1939 年到 1949 年共发表有关重水研究论文二十二篇，其中七篇分刊于德、英、美国刊物，如《美国化学会会志》《科学》及《自然》（*Nature*）上；金陵大学李方训研究离子体积、离子熵及离子水合现象共发表论文十四篇，也有几篇刊于《美国化学会会志》《科学》及《自然》。

《中国化学会会志》自1938年到1949年间，共刊出二百七十七篇论文。其中解放战争 1938 年至 1945 年八年有二百零二篇，虽比 1933 年到 1937 年的二百二十九篇少，但较之解放战争时期（1946—1949 年）的七十五篇超出很多。[②]

此时，德国已发明了 DDT 技术。在德国搞科研的堂兄王世中写信告诉王世真 DDT 的分子式。王世真一看很简单，但困难在于合成 DDT 需要低温冷冻的试验条件，战时上哪里找冰呢？经过打听，全贵阳只有一个鉴定生物制品的单位有一台冰箱。王世真向他们求援，他们给了王世真一暖壶冰块。王世真就用这壶冰块作为冷冻剂，合成了 DDT。由于 DDT 是有效的杀虫剂，能减轻疟疾、伤寒等蚊蝇传播的疾病危害，对于全军传染病的防治有重要作用，王世真因此立了功。为了实现在军队中大规模使用 DDT，一时间，研制 DDT 成了战时卫生人员训练所的头等任务。[③]

王世真在战时卫生人员训练所的军衔是中校，由陈立夫亲自介绍加入

---

① 王世真:《勤学、多思、苦干》。见：中科院学部联合办公室组织编写:《院士思维》（卷三）。合肥：安徽教育出版社，2001 年，第 62 页。

② 胡亚东主编:《20 世纪中国学术大典·化学》。福州：福建教育出版社，2005 年。

③ 王世真访谈，2010 年 7 月 20 日，北京。资料存于采集工程数据库。

了国民党特别党员，其实据王世真说成为国民党党员后他也没有做过什么，甚至连个党内会议都没有人叫他参加过。

王世真在战时卫生人员训练所的很多同事除了周寿恺、荣独山夫妇等少数几人外，新中国成立前都去了台湾。

第四章
像贝斯特一样

多亏了李约瑟

自从上大学以来，王世真出国念博士的理想一直没有改变。前面已经说过，王世真认为自己因受家庭环境的影响，有很强的功名思想。若是没有废除科举制度，王世真的理想一定是当状元。而如今，王世真只能设法当博士了。

这些年来，王氏家族已经陆陆续续有不少人留洋了，王世真一直在找机会。1945 年，王世真参加了留英的考试。留学的费用由一家英国药厂提供，但这家药厂有一个应试的条件，参加考试的必须是药科毕业生，报考药物化学的人日后都要去该药厂实习。教育部对考生的资格没有仔细审核，结果是像王世真这样非药科专业毕业的人都稀里糊涂地被允许参加了考试，而且化学专业的毕业生占据了这次考试的前六名，王世真考了第一名。对于王世真而言，学习是一件非常有乐趣的事情，从中学到大学，考试对他而言都很轻松，这次考第一一点都不奇怪。

成绩送到英国后，英国药厂果然没有选中王世真，因为专业不符合他们的要求。王世真知道真相以后，认为这件事错在教育部，他太想出国留学了，考了第一名竟然还出不去，因此他就从贵阳跑到重庆的英国驻华大使馆，看看还有没有通融的余地。

正巧，王世真去时李约瑟[1]夫妇都在英国大使馆内，他们接待了王世真。

李约瑟听王世真讲了事情的经过后很生气，拿起电话打给教育部次长。这个教育部次长是留美的，英文也挺好，跟李约瑟很熟。教育部次长让王世真去找他，跟他说：现在英国你肯定去不成了，如果你能找到外国的奖学金，政府就给你留学的路费，算是公派。

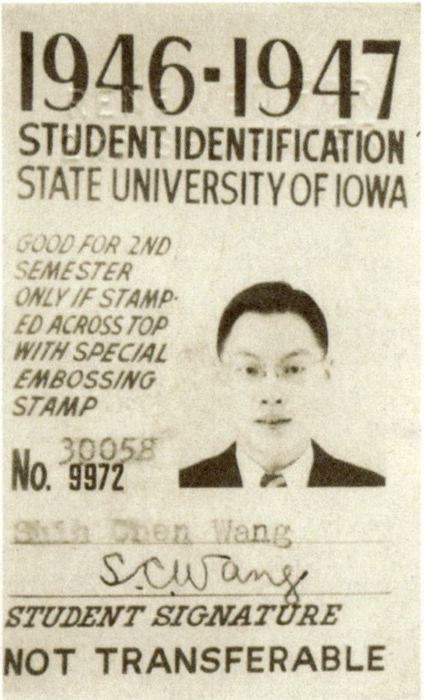

图 4-1　王世真在艾奥瓦大学的学生证（王世真提供）

李约瑟替王世真介绍了加拿大的多伦多大学。王世真申请到了班廷（Banting）奖。杨石先教授当时是南开大学校长，替王世真介绍了美国的马里兰大学，另外还有一个教授替王世真介绍了美国的艾奥瓦大学。如此一来，王世真一下子得到了三个留学的机会。1946 年，王世真先到了美国艾奥瓦大学。不过王世真还想先读一个药科专业的学位，艾奥瓦大学同意王世真先去加拿大多伦多大学念药理博士学位，得到学位后再回到艾奥瓦大学念有机化学博士学位。[2]

① 李约瑟（1900–1995），英国著名科学家，中国科技史大师及中国人民的老朋友。他早年以生物化学研究而著称，三四十年代出版了《化学胚胎学》（三卷本）及《生物化学与形态发生》，在国际生化界享有盛誉。1937 年，在鲁桂珍等三名中国留学生的影响下，转而研究中国古代科学、技术与医学，从此一发而不可收。1942 年秋，受英国皇家学会之命，前来中国援助战时科学与教育机构，在重庆建立中英科学合作馆，结识大批的中国科学家与学者，并结下深厚的友谊。在华的四年，李约瑟广泛考察和研究中国历代的文化遗迹与典籍，为他日后撰写《中国科学技术史》做了准备。1946 年春，李约瑟离任，赴巴黎任联合国教科文组织自然科学部主任。两年之后，返回剑桥，先后在中国助手王铃博士和鲁桂珍博士的协助下，开始编写系列巨著《中国科学技术史》。1954 年，李约瑟出版了《中国科学技术史》第一卷，轰动西方汉学界。

② 王世真访谈，2010 年 7 月 20 日，北京。资料存于采集工程数据库。

贝斯特精神

到了多伦多大学，在王世真开始研究工作以前，他的导师先让他看了一部电影，是根据贝斯特（C. H. Best）做动物实验的经历拍的电影。这部电影深深地打动了王世真，在他九十多岁时，他还跟身边的年轻人提起这部电影。那么贝斯特是谁？说来话长。

1916 年 10 月，西安大略大学（University of Western Ontario）医学院外科及生理系主任，聘用班廷（Banting）为外科学讲师。每周班廷只有八至十元的收入，生活非常拮据。然而，这次机会开启了他从临床治病进入基础研究的大门。

一天，米勒教授（Prof. Miller）让他准备糖代谢的讲义。于是，班廷去医学图书馆尽力收集文献，全力以赴。读了一些有关胰腺的论文后，班廷对糖尿病有了极大兴趣。

11 月 17 日，班廷来到了多伦多大学医学院求见大名鼎鼎的生理系教授麦克劳德（J. Macleod）。也许是校友的原因，教授会见了这位名不见经传、从未谋面的后生，还耐心地听完了这位说话吞吞吐吐、毫无生物医学研究经验、所有思路都来自书本的年轻人的陈述。随后，闭上眼睛，背靠椅子，重复了三遍：这个研究值得进行，即使是阴性结果也有生理学价值。于是，同意为他提供实验室及仪器设备，但须等到来年暑假。

麦克劳德还叫来了两个医学生，但是因为经费问题，只有一人可安排给班廷做助手。于是古老的方法决定了去留：掷硬币。结果贝斯特赢了。这一赢，也改变了贝斯特的一生。

但是，最初的十周并不顺利。班廷和贝斯特都是科研新手，不仅没有经验，就是基本的训练也没有接受过。就拿血糖测定来说，现在很简单，在那时可是高精尖技术，不仅要配试剂，而且有时要提纯制备试剂。做狗胰脏结扎手术，班廷以前也没做过。1921 年 7 月 30 日上午十点十五分，他们开始给胰糖尿病犬注射了四毫升抽提液，一小时后血糖明显下降。他们继续定时注射，定时测量，效果达到预期。稍后，他们发现无须结扎胰腺管，用酒精就可以提取其中的有效降糖物质。他们称其为胰岛素。为了提高其纯度，麦克劳德教授邀请艾伯特（Alberta）大学生物化学家克力普（Collip）教授加入了有关研究，不仅使得方法得到改进，而且纯度也大大提高了。

1923 年 10 月 26 日，诺贝尔奖委员会宣布，班廷和麦克劳德荣获该年度诺贝尔生理学或医学奖。科学研究成果能在如此短时间内获得诺贝尔奖，迄今仍是唯一的。

本是大喜事，可是班廷却很生气，认为应该是贝斯特而不是麦克劳德获奖，是麦克劳德抢走了贝斯特应得的荣誉，因为麦克劳德除提供实验室和很少的经费外，没有任何贡献，所有的思路和研究都由他和贝斯特完成。他甚至想抵制授奖典礼。最后，事情以班廷分一半奖金给贝斯特，麦克劳德分一半给克力普而完美了结。

虽然班廷是加拿大第一个诺奖获得者，也是胰岛素专利的拥有者，但是他并没有据此来发财暴富。他没有把专利转让给出价最高的投标人，而是以低廉的价格转给了一家同意以三分钱卖一单位胰岛素的厂家，因为他觉得自己的发现应该造福于人类，而不是增加自己的财富。正是如此，班廷被视为加拿大的英雄和荣耀。

图 4-2 王世真在多伦多大学（1946 年。王世真提供）

电影中的贝斯特几天几夜仔细观察实验中狗在用了粗提胰岛素后的变化，一点不漏地做实验记录，为了更好地观察试验过程，贝斯特干脆搬到实验室里过夜，和试验狗寸步不离。

这个电影给王世真留下了深刻

的印象，他后来多次跟他的学生讲起贝斯特精神，希望他们在研究工作中也能像贝斯特一样，富有耐心和奉献精神，试验记录能够一丝不苟，哪怕是试验结果与预期不符，或试验过程中的误操作也要进行真实的记录。王世真本人具备像贝斯特那样长时间沉浸于某种研究的忘我精神，他有惊人的毅力和耐力，能够百折不挠又极其高效地进行研究试验，简单点说，他是那种确实具备一流科学家素质的罕见的人，而他之所以念念不忘这个电影，是因为电影中贝斯特的精神气质与他自己身上的某种特质有相通之处，所以引起了他强烈的共鸣。只不过不同之处在于贝斯特研究的是胰岛素，而王世真研究的是甲状腺素。

步入学术研究的黄金期

甲状腺激素（TH）是由甲状腺分泌的维持机体正常代谢和生长发育所必需的一种重要激素，它的合成和释放等过程受垂体分泌的促甲状腺激素的控制和调节。TH 的生理作用十分广泛，其中最突出的是促进幼小动物的生长发育，增加基础代谢率及耗氧量，几乎所有细胞及各种代谢过程都受 TH 的影响。然而，TH 的上述生理作用的生物化学机制又非常复杂，至今尚有许多方面无确切的解释。

1946 年夏，当王世真进入加拿大多伦多大学攻读药理学时，他就对 TH 的研究产生了浓厚的兴趣。在多伦多大学，王世真开始构思了一个新设想，人体的甲状腺如同生命闸门的总开关，他希望能合成一种甲状腺素的类似物来调节这生命过程的总闸门，用来治疗当时还很难治愈的甲状腺亢进病。当时还没有治疗甲亢的有效药物，他针对 TH 具有反馈调节作用这一特征，大胆设想如果能合成一种甲状腺素的类似物，它只有抑制垂体分泌促甲状腺激素作用，而无甲状腺素活性，则可以将其作为新型治疗甲状腺功能亢进的有效药物。面对这样一个构思新颖、难度很大的课题，王世真以满腔热情投入了全部时间与精力，从而使王世真确立了 TH 这一研究方向。

正当王世真在多伦多大学进修的时候，中国打起了内战。这下子王世真不能汇钱回中国，另外王世真的家眷也来不了加拿大，而如果到艾奥瓦大学，把爱人跟孩子接来就比较容易。虽然在加拿大多伦多大学才学习了半年，也只好放弃，提前回到了艾奥瓦大学，他在艾奥瓦大学主修有机化学，副修生物化学。

黄景泉带着孩子到了美国后，他们在校外租房子安顿下来，一家人总算团聚了。在美国当研究生的日子，其实很艰苦。好不容易把妻子和儿子从国内接到艾奥瓦之后，又生了一个女儿，黄景泉就到当地的儿童医院工作，此时四口之家靠王世真所拿的化学系奖学金及黄景泉打工的微薄收入是远远不足以维持生活的，买的那辆旧车老出问题，光是修车费一项就要花掉不少钱。学习肯定是不能放弃的，只有豁出去拼死拼活地干。王世真咬咬牙把刚出生的女儿寄放在一个美国保姆家里，儿童医院不肯给黄景泉涨工资，于是王世真又把黄景泉送到芝加哥待遇稍高一点儿的医院工作，黄景泉两个礼拜才能回一趟家，坐四小时的火车。

图 4-3　王世真在美国艾奥瓦大学留学期间留影（1948 年。王世真提供）

王世真自己一边继续在化学系做学位论文，一边跟一个药理系的教授商量，王世真为他做化学实验，保证一年出两篇论文，这个教授负责每月支付王世真一百美元。当时一般的奖学金每月只有六十美元，为了多挣这一百美元，王世真非常累，有时实验做到凌晨三点钟，才一个人开着汽车慢慢回家。有一次，儿子在学校跳高时骨折了，王世真只好带着打了绷带的儿子到实验室，给孩子几块饼干、几个玻璃球，让他坐在一旁玩，王世真做试验。整整七个小时，儿子不吵不闹，安静地坐在边上玩自己的，一点都不干扰爸爸的工作，实验室的美国同事都啧啧称奇。

图 4-4　王世真夫妇在美国（1950 年。王世真提供）

图 4-5　王世真在美国艾奥瓦大学留学期间一家四口合影（1950 年。王世真提供）

王世真要想获得博士学位，必须考过德文和法文。王世真原先在清华念过德文，一考就过去了，而法文是用了一个暑期去进修，也考过了。就这样，经过半年多的拼搏，终于读完博士学位，还与药理系合作，发表了一系列神经系统药物的药理作用与药物吸收光谱的关系方面的论文，论文数量不

图 4-6　王世真夫妇在美国时留影（1950 年。王世真提供）

是两篇，而是五篇。这时候的王世真还欠着学校两三百块钱呢。记得在毕业典礼上，孩子很高兴地跑过来，要看博士证书是什么样的。王世真打开证书的精美夹子，里面只有一个纸条："请把学校的借款还清了，我们就给你发证书。"

王世真在加拿大和美国的三个实验室都从事甲状腺激素的研究。

从 1946 年开始，王世真对甲状腺激素做了大量的系统性研究工作，提出了许多重要的论点，在该领域取得了丰硕的成果。在甲状腺激素研究领域的国际权威欧本海默（J. Oppenheimer）的实验室里，挂有王世真的照片。

1947 年年初，王世真转入美国艾奥瓦大学化学系学习后，他仍围绕着 TH 研究这一令人着迷的课题进行不懈的探索。他以实验室为家，废寝忘食，常常是同时合成十几种甲状腺素类似物。经过艰苦努力，他的研究取得了重大进展。他从多种化合物中发现了两类甲状腺素类似物，一类具有很强的拟甲状腺素活性，一类具有抗甲状腺素作用。他对这些化合物进行了一系列的结构改造，并与著名生理学家 S. B. Barker 一起对这两类化合物的结构与功能之间的关系进行了详尽的研究。这项工作在当时使 TH 研究进入一个新的领域——构效关系研究。他对 TH 的这项开拓性研究，在美国引起了研究甲状腺素类似物结构与功能关系的热潮。

图 4-7 美国艾奥瓦大学毕业典礼上的乐队（1949 年。王世真提供）

鉴于王世真突出的研究工作，1948 年 1 月他被选为全美化学荣誉协会会员，同年 4 月又被选为全美科学荣誉协会会员。王世真只用了两个月就获得硕士学位。1949 年，在获得硕士学位后一年多一点的时间里，他以论文《甲状腺素类似物的合成》获得了化学博士学位。

图 4-8　在美国拿到博士学位时的王世真（1949 年。王世真提供）

1950 年，王世真进入著名的艾奥瓦大学放射性研究所工作。为深入研究 TH 作用机制，他于 1951 年研制出了 ^{14}C 标记的甲状腺素，这个标记化合物的制备资料除摘要发表外，还保存在美国国家档案局。

1948 年，王世真当选全美化学荣誉协会会员以及全美科学荣誉协会会员，获得了两把金钥匙。成为这两个协会会员的条件是各科考试都得 A，并且有会员推荐，通过审核，就能成为会员，并授予一把金钥匙。1948 年，他还入选全美化学联谊会，并获得第三把金钥匙。

图 4-9　王世真在美国艾奥瓦大学实验室工作照（左二为王世真。1950 年。王世真提供）

图 4-10 王世真夫妇及孩子与同学林秉南夫妇在美国留学期间共度周末（1948 年。王世真提供）

随着日本广岛原子弹的爆炸，第二次世界大战结束了。广岛在遭受原子弹袭击后地狱般的景象，让全世界从此真正认识到原子弹的威力和它会给人类带来怎样的灾难！当时谁也未曾料到，“二战”后科技界发展最迅速的领域竟是原子能的和平利用。“二战”结束以后，美国原子能委员会批准一些大学实验室可以应用 ^{14}C 化合物，美国各大学纷纷建立了放射性研究机构，核技术也悄然站在和平利用的核医学起跑线上，标记化合物、同位素化合物的研究工作才刚刚开始。1950 年，已获得艾奥瓦大学化学博士学位，并在甲状腺激素研究领域取得了令人瞩目成就的王世真，进入由参加过原子弹研制的著名原子核科学家 T. C. 埃文斯组建的、以原子能和平利用为主旨的艾奥瓦大学放射性研究所，很自然地打算用灵敏、特异的放射性核素示踪方法来研究他一直感兴趣的甲状腺激素。T. C. 埃文斯教授参加过原子弹研究，后来当过核医学学会的会长以及《核研究》杂志的主编，他很有办法筹集资金，所以放射性研究所一切设备都是全新的，现代化程度很高，所有的实验台设备都是不锈钢做的。

王世真加入艾奥瓦大学的放射性研究所后，成功地标记了 ^{14}C- 甲状腺素和 ^{14}C- 门冬氨酸。当时国际上放射性标记物的研制工作刚刚起步，市面上供应的标记物不超过十种。王世真合成上述新氨基酸所用的原料（^{14}C-碳酸钡），也是由美国原子能委员会直接批准发给的，王世真在艾奥瓦大学放射性研究所于 1951 年完成的两种放射性化合物的合成方法论文全文至今还放在美国国家档案局资料库中。此后不久，王世真又用鸡胚组织培养的生物合成法一次制成十六种放射性氨基酸，此成果被选作数万人参加的

图 4-11　在艾奥瓦大学留学时期王世真参观 Eli Lilly and Company 时与大家留影（后排左一为王世真。1948 年。王世真提供）

北美生理科学学术会议的大会报告。

人生的机遇往往不是由主观愿望所决定的，从事放射性标记物及其应用的经历，改变了王世真立志追求成为制药专家的命运，连王世真自己也未曾想到，这段只有不足两年从事放射性研究的经历改变了他的选择，使这个曾立志成为制药专家的年轻学者的命运，从此以后与核医学紧密相连。

王世真毕业工作后，大概一两个月就还清了欠款。随后他买了新汽车，不需要反复维修，也就省钱了。这时的王世真和妻子两个人的工资加起来，比一般的教授都高了，收入有了保证，从此生活慢慢步入正轨。

正是在美国的这几年，王世真达到了他研究创新的巅峰时期。

祖国在召唤

1950年，美国政府要求每个科学家都填写一份很厚的表格，其中有一项是："在战争中，你如何能为国家效力？"收到该表格时，抗美援朝战争正在进行之中。王世真立即意识到，必须马上作出抉择：是迅速回国为自己的祖国效劳呢，还是留在美国。与此同时，在艾奥瓦大学校报上，出现一个醒目的标题："只有轰炸中国的东北三省，才能打赢朝鲜战争。"这是在艾奥瓦神学院任教的一位留美华籍顾教授向美国当局的无耻献策。但第二天的校报上，在一个不显眼的位置，又登出了一封年轻的中国留学生的来信："任何有一点良心的人绝不会建议别人去轰炸自己的祖国！"

在第二次世界大战正在进行的四十年代中期，作为盟国的中、美两国政府协议派遣大批中国的毕业生和技术骨干去美国留学和实习，前后有一千人左右，加上此前赴美留学的，为数更多。这是一批很重要的人才。周恩来、董必武对于做好这些人的工作十分重视，并先后做出重要指示。在中共中央南方局的安排下，派了计苏华、徐鸣、赖亚力、兰毓钟、薛保鼎、侯祥麟等人通过官方考试，以学生护照或官方护照留美。其中，计苏华、兰毓钟、薛保鼎、侯祥麟等都是各有专业的科技人员，南方局向他们分别布置了在留美进步科技人员中活动的任务。

1949年上半年，鉴于国内革命形势迅速发展，在美留学生曾多次聚会，讨论新中国成立后应该为新生的国家做些什么工作等问题。留美中国科学工作者协会就是在这样的背景下，于当年6月12日在匹兹堡城成立的。

"留美中国科学工作者协会"（以下简称"留美科协"）诞生后，美国各地区的分会雨后春笋般成立，协会会员迅速发展。到1950年3月，地区分会增至三十二个，会员达七百一十八人。在1950年6月召开的"留美科协"年会上，确立了以"认识新中国，为回国参加建设做准备，一切为了回国去"的协会工作重点，开始广泛动员留学人员回国参加社会主义建设。在组织、策划华裔科学家回国的运动中，发挥了重要作用。“留美科协”的历史虽然不足两年，但却有近八百名中国留学生参加了该组织，并有四百多名协会会员在中华人民共和国成立初期陆续回国。

图 4-12　王世真在艾奥瓦大学与洪朝生合影（1949 年。王世真提供）

王世真在王祖耆的介绍下，加入了“留美中国科学工作者协会”，并担任该协会艾奥瓦地区负责人。

据王世真回忆，当时存在另外一个组织叫“基督教青年会”，也做了一些宣传新中国、号召留学生回国的活动。当时好多留学生都参加了这两个组织。组织内的活动起先多为学术活动，比如留学生分别介绍自己专业的新进展之类，但后来活动主要就成了学习一些政治著作，了解与新中国相关的新闻，然后再向其他同学介绍新中国。后来美国政府把这两个组织都给解散了。

王世真加入留美中国科学工作者协会后，学习了《社会发展史》《共产党宣言》《新民主主义论》等著作，点燃了心中希望之光，希望尽早回国报效祖国。

1951 年 4 月，美国国会通过了《公法 535 号》，规定中国大陆留学生必须得到美国移民局允许才能离开美国国境。擅自离境的，要处以五年或五年以下徒刑，并处以五千美元罚款。

不久，王世真接到以教育部留学生管理处黄新民处长（王世真的清华同班好友）名义发出的邀请信，心中无比高兴！当时同位素研究是新事物，美国不希望中国或者其他共产党国家掌握核技术，所以不愿意让王世

图 4-13 王世真清华同班同学黄新民送给王世真的全家照（1951 年。王世真提供）

真回国。学校管外事的官员对王世真说，他若是留在美国，可以给他加薪，让他加入美国国籍。同时，当地警察局给王世真一个准备逮捕黄景泉的通知。因为她以研究助理的身份办理的美国签证，可现在并不是在做研究助理，而是在医院工作，属于非法就业。通知中称，假若她不离开美国，这个判决可以缓期二十年执行。

此时的黄景泉一方面也想回国，一方面又怕回国后又要过苦日子，正好现在手头比较宽裕，她就拼命买东西，不光买衣服，就连昂贵的纯银刀叉都是成盒地往家买。王世真看她这么乱花钱，就跟她建议买些医疗器械、抗生素带回国。黄景泉想想也对，买了医疗器械和抗生素正好可以用来自己回国开诊所养活全家。①

这时，王世真收到协和医学院李宗恩院长写的一封英文邀请信，邀请王世真到北京协和医学院当生化系副教授。同时，王世真又找了几位年轻时曾在北京协和医学院工作过的美国教授证明中国人有供养父母的传统，目前无法汇款给国内的母亲，于是美国方面同意了王世真携眷离开美国的申请。

经过一年多不懈的努力，王世真全家获准回国，王世真被聘为北京协和医学院生化系副教授。

要离开美国了，王世真感触也很多。王世真在美国留学时发现，当时美国学术界的组织，除了有和中国相似的学会及校友会之外，还有荣誉协会。后者是一种全国性的团体，专门遴选学习成绩优异与学术成就卓著的

① 王世真访谈，2010 年 7 月 23 日，北京。资料存于采集工程数据库。

学者，被选上者每人获得一把该学会授予的金钥匙。美国学者们常在办公室悬挂一把或两把金钥匙，作为装饰品。在王世真准备回国的前夕，一个美国朋友建议，可用木头自制一块像乒乓球拍那么大的漆金式钥匙板，并用红缎带在金板旁捆上一个小本子，让艾奥瓦大学城的所有荣誉会员在本上签名留念。王世真觉得这个主意不错，便照办了。①

图 4-14　王世真携太太参加在美国的一对中国留学生婚礼（三排左二为王世真。1950 年。王世真提供）

一开始王世真照全美科学荣誉协会艾奥瓦分会名册，访问了每个他认识的该会会员。不久，王世真发现有名的大教授全是该会会员，何必一个个去核对花名册呢？直接找他们签字岂不是更省事些？当王世真高高兴兴地拿着金木板去请他的系主任签名时，系主任的脸色突然变青了，并质问王世真："这是什么？我不知道！"王世真猛地警醒过来：系主任是个犹太人，美国学术界一贯歧视犹太人，没有一个荣誉协会会吸纳犹太人入会。由于自己的疏忽，才让彼此如此尴尬！这件事对王世真刺激甚深，永远难忘！一个没有祖国、流落在世界各地的民族是何等悲惨！以至于一直到了老年，王世真还在不同的场合一遍遍讲给年轻人听：个人要想获得幸福和自由，必须要有一个强盛的祖国站在你身后！

1951 年，王世真一家四口终于启程回国。让黄景泉心疼的是为了回国将好不容易才新买的汽车、冰箱、洗衣机等都半价转让掉了，至于衣服、

① 王世真访谈，2010 年 7 月 23 日，北京。资料存于采集工程数据库。

图 4-15 王世真回国前与肖伦（左一）、华罗庚（左二）合影（1951 年。王世真提供）

家具等日用品则全部送给了保姆。王世真想回国以后大家肯定是穿棉布衣服，于是将新做的毛料大衣也干脆送给了保姆。

途经香港时，堂哥王世圻带着堂嫂托船上的工作人员，给王世真捎去了王世真父亲给王世真的一封信，信中父亲劝说王世真去台湾，王世真不为所动。其实，王世真在美国留学期间，也接到过父亲类似内容的信。

回国后，黄景泉到儿童医院当了儿科大夫，在看了电影《钢铁是怎样炼成的》之后，深受感动，于是将所有的器械和药品捐给了儿童医院。

第五章
报效祖国

合成雷米封

王世真回国时，正好协和放射科主任跑到美国去了，原来他家住的一整栋楼就被空出来了，王世真一家被安排搬进这栋楼房。当时整个外交部街上只有林巧稚和王世真是一家住一栋楼，其余人都是与别人分住一栋楼。王世真雇了一个原先给美国人做西餐的厨子，厨子的妻子帮王世真夫妇照看女儿。当王世真将厨子夫妇在自家楼前拍的照片寄给美国的同事朋友们，还引起了轰动，因为当时美国人都没有条

图 5-1　王世真刚回国时的厨子与保姆在家门口留影（1951 年。王世真提供）

件雇用专职厨师和用人。美国的保姆给王世真的女儿寄了不少礼物，奇怪的是王世真统统都没有收到，原因不详。

回到祖国，王世真心中充满喜悦。他把母亲从福州接到北京一起生活，母亲后来一直跟王世真一家生活。母亲刚到北京时，很多文史馆工作的老先生是王世真母亲的朋友，他们邀请她加入文史馆。王世真觉得母亲不愁吃穿，自己养得起，何必要国家再发一份工资？因此没有让母亲去。也许母亲真要去了，更能发挥她的作用呢。

最令王世真难忘的是，周恩来总理在北京饭店宴请了王世真等人，并同他们亲切谈心，还讲述了他自己的家庭出身。他说，旧社会能有机会上大学的，一般都出生于剥削家庭，不要因出身不好而背包袱；但也应重视旧社会、旧家庭、旧教育对自己的影响。又告诫他们，不背包袱不等于不要清除旧家庭、旧教育、旧社会对自己思想上的影响，还联系他本人的经历说明如何正确对待自己的家庭影响，如何正确处理自己与亲属的关系。总理情真意切的教导，给王世真注入一股暖流和勇气。

1951 年秋，王世真到北京协和医学院任生物化学系副教授，从事生物化学教学与研究工作。抗美援朝时，由军委接管的北京协和医学院积极参加抗美援朝，反细菌战的大本营就设在协和。王世真从王淦昌教授那里借到那时国内罕有的核探测仪器，承担检查从战场捡到的空降物品是否带有放射性的任务。

制造药物济世救人，曾是王世真早年投身于科学研究的初衷。早在三十年代，王世真就有志于研究制药化学。全面抗日战争爆发后，东南亚打仗的官兵急需治疗疟疾的药物，为了向奋战在云南、缅甸一带的抗日部队提供特效抗疟药，袁翰青给了王世真合成扑疟母星的课题，扑疟母星是一种抗疟新药，需经十四步反应才能合成，由于战争关系，当时化学试剂及原料来源都极为困难，连最基本的原料苯酚也需要王世真自己合成。研究在进行到第十二步反应时，被迫中断。直到 1952 年，在一个很能干的青年技术员吴晖的帮助下，王世真才重复了 1939 年的实验，最终完成了扑疟母星的全部合成，并把资料整理成文，通过组织送给轻工业部，供药厂生产该药时参考。这场实验，从开始到结束，也可以说是历时十六年。扑疟母星后来得以在我国批量生产。

王世真回国后不久，一位毕业于清华化学系、在芝加哥工作的高年级校友将可以治疗肺结核的药物雷米封的分子结构告诉了王世真的同学张龙翔。张龙翔本人是搞生物化学的，不是搞有机化学的，于是他将雷米封的分子结构告诉了搞有机化学的王世真。王世真一看雷米封的分子结构不复杂，自己肯定能够做出来。刚回国的他当时还没有自己的实验室，于是他借了搞生物化学的梁植权的实验室，一个礼拜就合成了雷米封。数以万计的结核病人因此而受益。

图 5-2　王世真与朱壬葆去捷克参加国际学术会议（1958 年。王世真提供）

在王世真看来合成雷米封根本不难，简直谈不上是研究，所以他并不看重，他甚至很少或者不愿意谈起它。这反映了他的价值观，对他这样有潜质的科学家而言，单纯的仿制已有的研究成果，完全无法让他满足或产生很大的成就感。他不止一次半开玩笑似地说："我这个人比较虚荣，有成名成家的思想。"坦率地讲，这其实不是玩笑，王世真说的是实话。他的确具备成名成家的动力和实力，以他对国际研究前沿的敏锐、做研究的专注和高效，如果一切顺遂，取得更大的成就完全是有可能的。此后，王世真又相继合成了 X 光对比剂、抗高血压药、抗肿瘤药及多种核素诊断用药。

对甲状腺激素的研究与探索

TH 作用机制的许多不解之谜使王世真始终坚持着该研究方向。围绕着 TH 的生物合成、作用机制，对蛋白质、胆固醇、各种酶及对其他激素的调控与相互作用做了大量的系统性的工作。他对标记化合物合成及核技术应用的知识恰好为以后深入研究 TH 作用及生物合成机制打下了坚实的基础。

直到二十世纪六十年代初，对甲状腺素的生物合成途径一直未能阐明。针对这个问题，王世真等首先利用自己合成的 ^{14}C- 酪氨酸、^{131}I- 一碘酪氨酸、$^{131}I_2$- 二碘酪氨酸、(^{131}I-3’) -3，5，-3’ - 三碘甲状原氨酸及 $^{131}I_2$-（3’，5’）- 甲状腺素等多种放射性标记物，在整体条件下观察了酪氨酸参入甲状腺内含碘氨基酸的情况，以确定酪氨酸转变为甲状腺素的途径。结果发现，酪氨酸不但能够转变为甲状腺素，而且能转变为甲状腺中的碘化酪氨酸。证实碘化酪氨酸的确是甲状腺素生物合成的中间产物，从而否定了当时把碘化酪氨酸仅仅当作碘的携带者的错误观点。甲状腺素生物合成中碘化过程究竟在何处进行，在当时是国际上该研究领域中的一个有争议的问题。王世真等首先探讨了用放射自显影方法研究该问题的可行性，并应用多种标记化合物为示踪手段，确凿地证实了碘化过程在细胞内进行的观点。硫尿嘧啶（Tu）类药物是一类抗甲状腺药物，但其究竟作用于甲状腺素生物合成的哪一环节，尚未被阐明。王世真等应用放射性示踪方法测定了一碘酪氨酸（MIT）与二碘酪氨酸（DIT）及三碘甲状原氨酸（T_3）、甲状腺素（T_4）的生成速度，发现 DIT/MIT 比值及（T_3+T_4）/（MIT+DIT）比值相当恒定。由此说明，甲状腺激素的生成速度和分泌速度是相等的。这一结论为以后的许多实验所证实。进而他又观察了 TU 类药物对 MIT、DIT、T_3 和 T_4 的影响，结果证明，硫尿嘧啶对一碘酪氨酸、二碘酪氨酸的生成及甲状腺素的生成都有抑制作用。该研究纠正了当时认为 TU 类药物在甲状腺素生物合成中有特异性作用环节的观点。

研究神经、激素等整体水平的调节机制与代谢反馈的关系，是六十年代物质代谢领域最受重视的中心问题之一。当时，甲状腺素可促进肝脏胆固醇合成这一事实已较肯定，但甲状腺素促进肝胆固醇合成的机制尚无定论。针对这一问题，王世真及夏宗勤对甲状腺素（T_4）和胆固醇代谢反馈间的关系及 TH 降低血清胆固醇含量的机制进行了探讨。他们发现，TH

促进胆固醇合成时，肝游离胆固醇含量也升高，合成越快，其含量也越多，而胆固醇的酯化速度则无明显改变。因此，他们指出 TH 促进肝胆固醇合成的机制可能在于提高肝胆固醇代谢反馈水平，使其含量在一定范围内，由于负反馈作用减弱，而导致合成加速，含量升高。在进行该研究时，他还发现，TH 降低血清胆固醇含量的机制主要在于限制肝胆固醇进入血液，其次是促进肝脏清除血清中的外源性胆固醇。王世真还系统地研究了 TH 对组织蛋白质的影响。通过观察 TH 对不同组织器官蛋白质及氨基酸代谢的影响，他发现 TH 对蛋白质的生物合成不是单纯的促进或抑制，而是根据机体所处的情况起着调节作用，只有在较大剂量激素作用范围内进行观察，才会出现甲状腺功能亢进时蛋白质大量破坏的后果。

随着方法学及技术手段的更新，王世真对 TH 的探讨逐渐转入该激素与其他激素及各种酶等的相互作用这一细胞或分子水平的研究领域。他指导研究生进行了“TH 对 β－肾上腺能受体的调节”“大鼠不同组织细胞核结合 T_0 容量的测定”“T_3 对大鼠脑 β 受体的调节”“TH 对大鼠肾上腺儿茶酚胺含量的影响”“TH 对脑环核苷酸系统的影响及其与儿茶酚胺超敏性的关系”“TH 对大鼠肾上腺苯乙醇胺 N 甲基转移酶（PNMT）活性的影响”“TH 在体外对大鼠脑线粒体单胺氧化酶活性的影响”以及“TH 对细菌生长代谢的影响”等一系列研究，这些研究不但从细胞或分子水平阐明了甲状腺素的一些作用机制，加深了人们对甲状腺素的认识，推动了甲状腺素研究发展，而且还提出了一些有独到见解的新观点。在研究 TH 对肾上腺 PNMT 作用时，他首先发现甲状腺素对大鼠肾上腺 PNMT 有调节作用，这种调节作用具有明显的剂量依赖性。在研究甲状腺素与儿茶酚胺超敏性关系时，提出 T_3 使环磷酸腺苷一磷酸二酯酶（cAMP−PDE）活性下降，可能是 TH 导致机体对肾上腺素产生超敏反应的重要原因。在研究甲状腺素对大鼠脑线粒体单胺氧化酶（MAO）作用时发现，TH 在体外可以改变大鼠脑线粒体 MAo 活性，这种改变与 TH 浓度有关。当时国际上普遍认为甲状腺素的作用机制是激素作用于细胞核内 DNA，通过 mRNA 增加基因信息的转录，诱导特定蛋白质合成，从而产生激素的生理效应。但王世真在采用纯线粒体组织而不涉及细胞核实验时，仍可见到激素对酶的影响。因此，他提出甲状腺素尚可以通过细胞核以外的其他途径产生作用的观点。他的这些观点对进一步探讨甲状腺素的作用机制具有重要意义。

同位素应用训练班

二十世纪五十年代，原子能和平利用受到世界各国重视。1954 年，中国在《十二年科学技术远景规划》中，将“同位素在生物医学中的应用”列为第九项国家重点科研项目，王世真奉命执笔制定这一项目。

1956 年，受解放军总后勤部委托，王世真在西安举办了中国最早的同位素测量仪器训练班和同位素应用训练班。苏联本来也计划派专家来中国医学科学院办标记化合物学习班。中国科学院、军事医学科学院等单位的学员都到了，苏联专家却不来了。这时，中国原子能科学院同位素研究所

图 5–3　同位素使用方法训练班第一期开学纪念（1956 年。王世真提供）

（四〇一所）的肖伦等同志们克服困难，在简陋的条件下生产出第一批国产同位素提供给王世真，王世真领导学习班的学员们日夜奋战，一个月之内就做出来当时最有用的九种放射性药物和标记化合物。①

在训练班上，王世真他们边学边干，事实上，除了文献资料外，他们从未见过任何放射性探测或计数装置，却能在短短一两个月内，将纸上的草图和普通零件变成电子设备。他们还将平房改造成适合于教学和研究用的放射性同位素实验室。建成了半自动化放射性实验基地，设计出一套装置：从一个放置高活度放射源的地下贮藏室将装有放射源的铅罐自动提到上层房间，然后又通过遥控装置经轨道移动到邻屋的一个通风柜内，以进行操作。他们合成了中国首批放射性标记物，首次进行了放射自显影实验及一系列放射性示踪实验。王世真感受很深的是，蔡荣业、麦荫乔等一批青年教师的智慧和干劲为训练班的圆满办成起了关键的作用。钱信忠副部长和第四军医大学领导的大力支持也给王世真留下深刻印象。1957 年，卫生部又让王世真主持另一个全国同位素新技术学习班。这两届学习班的学员走向全国各地，成为中国核医学及核生物学事业的骨干，奠定了中国核医学发展的基础。

标记化合物及放射性药物的研制

现代医学史上，放射性示踪技术的应用是一次划时代的革命。利用核素示踪方法，人类的目光开始探入细胞内的分子，细致地揭开了细胞新陈代谢的内幕，开创了在分子水平上动态地观察生命现象的新纪元。核技术对生物医学的最大贡献莫过于示踪方法。标记化合物的研制是核素示踪得以实现的核心问题。示踪方法的先决条件是，需要用同位素标记的化合物（简称“标记化合物”，labeled compounds 或 labelled compounds）作为示踪

① 王世真：《寄意年轻医师》。《上海医学》，1997 年，第 20 卷，第 9 期，第 499 页。

剂（tracer）。

标记化合物是含同位素的化合物。更准确地说，分子中某一原子或某些原子被放射性同位素或稀有稳定同位素所取代的化合物称为标记化合物。例如，^{2}HCOOH、^{3}HCOOH、H^{13}COOH、H^{14}COOH、HC^{18}OOH、^{2}H^{14}COOH、^{3}H^{13}COOH 等都是标记甲酸或甲酸的标记化合物。这些化合物中所含的放射性或稀有稳定同位素的原子，称为标记原子，它们都是通过放射性探测仪器或稳定核素探测技术易于辨认的示踪原子。

上述标记甲酸中，^{12}C 原子被 ^{13}C 或 ^{14}C 取代，^{1}H 被 ^{2}H 或 ^{3}H 取代，^{16}O 被 ^{18}O 取代，即某一元素的原子被相同元素的同位素所取代；取代后的分子在化学及生物学性质与相应的非标记分子基本相同。这种标记方式，称为“同位素标记”。在另一类标记物中，标记原子不是分子内某一元素的同位素，例如以放射性碘原子取代蛋白质或中性脂肪分子中的氢原子。这种标记方式，称为“非同位素标记”（nonisotopic labeling），它虽不如前者理想，但由于比较经济、易得产品，如果标记方法控制得当，所得标记物的化学及生物学行为在很多方面往往也和相应的非标记物很相似，所以也广泛用于生物医学。

同位素标记的物质绝大多数是有机化合物，但也有可能是无机化合物，甚至是某一离子、某一植物（如中草药）、某一动物（如昆虫）或生物体的某一部分（如红细胞、染色体）。为方便计，这些物质统称同位素标记物，或核素标记物。它们广泛应用于临床诊断、治疗及医学科学研究的各个领域。其供应是进行核医学工作必不可少的条件。

标记物的制备，常用交换反应、化学合成和生物合成三种方法。有时也采用辐射标记等其他方法（特别是氚标记物的气体曝射制备法）。

第二次世界大战后，军用核反应堆开始生产民用放射性核素，美国著名的国立橡树岭实验室于 1946 年首次开发出了放射性核素，1948 年才提供首批 C-14 供科研单位使用。所有有机化合物都含碳。C-14 是生物医学实验研究中广泛应用的示踪核素。它是纯 β 射线发射体，最大能量仅为 0.156MeV，射程短，穿透力弱，可被容器壁吸收，不需要考虑外防护的问题，也易于探测。其半衰期长达 5692 年，适合于进行长时间的实验，而不需要校正衰变。当 1950 年年初王世真参加设备优良的放射性研究所时，放射性标记化合物仅在不多的实验室开始应用，在全美只有一家公司出售放射性核素制剂，品种不过十余种。为继续探讨甲状腺素的奥妙，王世真在这个崭新的领域里克服重重困难，合成了许多新的示踪标记化合物，如 ^{14}C- 甲状腺素、^{14}C- 天冬氨酸等。他还用组织培养的新技术研究十余种 ^{14}C- 氨基酸的生物合成并进行定量分析。可以认为王世真回国前是合成放射性标记化合物的早期工作者之一。1958 年，美国出版了一部总结性著作——《标记化合物的有机合成》，其中也记录了王世真当年的部分工作。

五十年代以后，核素示踪技术的应用，使蛋白质、氨基酸、核酸代谢研究飞速发展，日新月异。为了适应中国生物医学的发展，王世真及其领导的研究室对核素标记化合物的研究制备做了大量的工作。^{14}C- 甲酸是动物示踪实验中常用的一种标记化合物，也是合成腺嘌呤、草酸、α - 酮戊二酸、谷氨酸等重要代谢物质的原料。为适应生物化学研究的需要，王世真在中国首先合成了 ^{14}C- 甲酸。接着他又合成了 ^{14}C- 甘氨酸、^{14}C- 亮氨

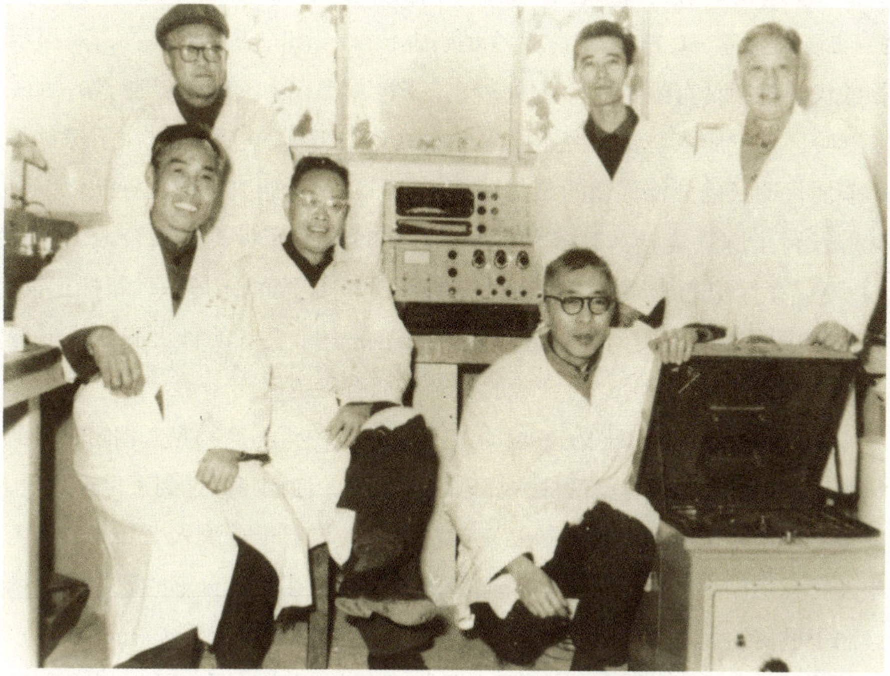

图 5-4　王世真与简阳学习班基础教师们在实验室（1973 年。王世真提供）

酸、^{14}C- 丙氨酸、^{14}C- 缬氨酸、^{14}C- 酪氨酸、^{14}C- 马尿酸等，这些标记氨基酸是研究蛋白质生物合成和氨基酸体内转化的重要示踪物。

放射性核素及其标记化合物或生物制剂作为诊断或治疗的药物称为放射性药物（radiopharmaceuticals），它是利用特定核素及其标记化合物同时发挥作用的特殊药物，既具有普通药物的性质和用途，又具有标记核素的性质和作用。核医学是新兴的前沿学科，涉及医学、生物学、化学、放射化学、药物学和药理学等领域，这要依靠各学科协作，才能发挥核医学优势。核医学显像中，放射性药物起着决定性作用，放射性药物用于显像时称为显像剂。核医学利用了放射性核素的核素性质和放射性药物的药理性质，在多种疾病的诊断和治疗中，可提供活体信息，如体内的定位、组织形状及提供生化和生理功能等参数。放射性药物中 95% 是用于诊断的，其中 85% 是用 ^{99m}Tc 标记的。

1965 年，中国人工合成结晶牛胰岛素，实现了世界上人工合成蛋白质的创举，鉴定产品可靠性及确定其纯度，采用的就是 ^{14}C- 甘氨酸示踪法。为提高脑肿瘤定位的准确性，1962 年王世真合成了放射性二碘荧光素（4，5- 二碘荧光素 $-I_2$）。标记腺嘌呤是研究核酸代谢的重要示踪物，对揭示核酸代谢机制具有重要意义。1963 年，王世真等在中国首先合成了 8-^{14}C-腺嘌呤。标记胆固醇是研究胆固醇代谢的有力工具，它既可以用于探讨正常脂质代谢及内分泌代谢的某些环节，也可以用于研究动脉粥样硬化、甲状腺及肾上腺功能异常等多种代谢病。1959 年，王世真先后合成了 ^{14}C、^{3}H- 及 ^{131}I 标记的胆固醇，其中合成的 6-^{131}I- 胆固醇，是一种新标记物，后来经中国临床应用，证明这个化合物还是一个良好的肾上腺扫描显像剂，在某些方面比国外当时合成的相应试剂有优越之处。

王德宝与他的同事们在 1981 年年底合成了与天然产物完全相同的核糖核酸。因为合成的核糖核酸成分靠肉眼看不见，他们将其送到王世真那里，王世真用了液闪技术测定后确认王德宝他们在世界上首次人工合成酵母丙氨酸转移核糖核酸（tRNA），说明我国人工合成生物大分子的研究水平继续居于世界领先地位。后来由王世真在北京科学会堂宣布了这一成果。

这期间他还为临床合成了具有良好效果的肾放射性诊断剂 ^{131}I- 邻碘

马尿酸。为促进甲状腺素的代谢研究，他合成了 ^{131}I- 碘化酪氨酸、3’，5’-$^{131}I_2$- 甲状腺素及 3’-^{131}I- 三碘甲状原氨酸等一系列甲状腺素类标记物。

为促进和提高中国临床核医学诊断水平，在王世真领导下，他的实验室在国内首先研制了新型肾功能显像剂 ^{99m}Tc-PAHIDA、^{99m}Tc-MAG_3，并制成药盒，供应国内用户。他们还先后研制成功了心肌显像剂 ^{99m}Tc-CPI、脑血显像剂 ^{99m}Tc-ECD 等，这些显像剂的应用极大地提高了某些疾病的诊断水平，促进了中国临床核医学的发展。

王世真还瞄准国际放射性药物前沿，指导博士生进行了脑显像剂 ^{99m}TcN-S_2N_2 类标记物的研究，并取得了一系列进展。自放射所创建以来，王世真领导的实验室（后来由田淑浩继任主任）一共合成了多达二百余种为科研和医疗急需的核素标记物。他们的早期工作和国内从事核技术的兄弟单位不但积极地促进了我国基础与临床科研工作的开展，使核技术得到广泛的应用，而且打破了某些国家对我国的技术封锁，为国家节省了大量外汇。由于他们在标记化合物领域的出色的工作，1978 年放射所标记室的“^{14}C- 标记核酸衍生物的合成”“全标记氨基酸的生物合成”“标记固醇类激素的合成”三项研究荣获全国科学大会成果奖。

但回忆起在标记化合物方面做出的辉煌成就，王世真却有一丝苦涩。王世真若一直坚持做甲状腺研究，能取得更大成果。可是在他回国任教后，教师做科研在当时被认为不务正业，每次运动都被批判，一气之下，王世真决定只做标记化合物，做上几百种，给国家节约大量外汇，看谁还能说些什么！

稳定核素在医药学中应用的研究

王世真对于稳定核素的研究比较系统：从稳定核素制备到测定，直至运用于中草药的各个环节都有深入研究。

稳定核素是一类没有放射性的示踪同位素，具有许多放射性核素无法比拟的优点，可直接在人体进行生物医学研究，也可用于临床，尤其适合儿童和孕妇。随着科学技术发展，稳定核素探测技术有了很大的提高，近十年来稳定核素在医药学中的应用得到世界各国科学家的重视。

早在七十年代末，王世真就提出在实验核医学领域内开展以稳定核素作为示踪原子进行生物医学及药学研究。1982 年，王世真领导的实验室在我国首先合成了用于研究人体内蛋白质代谢的稳定核素 ^{15}N 标记甘氨酸。同年建立了用气相层析 – 质谱 – 计算机（GC–Ms）联用仪进行生物样品中稳定核素定量的方法，并正式用于人体的代谢研究。以此为开端，他指导研究生先后对人体内总体蛋白质的更新速率及多种人体内重要氨基酸的代谢动力学进行了研究，特别是利用稳定核素技术对慢性肾功能衰竭及白血病患者治疗前后的蛋白质、氨基酸及脂蛋白代谢，进行了系统精确的研究，并针对其代谢特点应用氨基酸进行营养治疗，为这些疾病的病因学、治疗学研究提供了大量的科学依据。此项研究获得了中国医学科学院科研成果一等奖。

脂肪吸收不良综合征是消化内科较多见的一种疾病，由于常规的诊断方法烦琐而且不准确，长期困扰着临床医生和患者。王世真指导他的博士生在国内首先建立了 ^{13}C– 脂肪酸及 ^{13}C、^{14}C 双标记呼气实验这一安全、简便、准确的诊断脂肪吸收不良的方法。使用这一方法，通过一次口服实验，当天便可判断出脂肪吸收不良的存在，并对胰源性与肠源性脂痢作出鉴别诊断。双标记实验的报告在 1986 年维也纳同位素会议上获得国外专家的好评。

与此同时，王世真还指导研究生合成了 ^{13}C– 软脂酸、9，10，12，13– 四氘代十八碳酸等稳定核素标记物，以探讨脂肪酸的体内吸收及代谢。

1990 年，王世真与江骥等一起在国内首先建立了 ^{13}C– 尿素呼气实验诊断胃幽门螺杆菌（HP）的方法。该方法无创、准确，优于胃镜下取标本及血清学等其他检查方法。应用该方法，他们在国内部分地区首先开展了儿童 HP 感染的流行病学调查与治疗研究，并对 HP 感染与胃癌发病率作对比研究，已取得值得重视的成果。

稳定核素在药物研究中的广泛应用，是药学研究的一项重要进展。王世真在这一领域倾注了很大的精力。

稳定核素的探测技术主要有质谱分析、磁共振、发射光谱分析、红外光谱分析、活化分析等。这些技术在中医药研究中都发挥了重大作用。稳定核素没有放射性，除氚以外，一般都没有毒性，其标记物的合成和处理较简单，在物质代谢及药物代谢示踪研究中，如需要知道某一分子内标记原子的位置，稳定核素标记物就可用质谱分析或核磁共振谱分析直接测出。总之，稳定核素在临床药理研究上有很广阔的应用前景，稳定核素为人们在生物医学领域中的研究提供了安全有效的工具，在中医药研究中的应用目前还是以应用氘的同位素效应，增加药物的稳定性，降低药物的毒副反应，提供药物的体内生物利用度，以增强药物的疗效；以氘标记物作为内标物，利用体外示踪法，借助气相层析－质谱（GC-MS）分析手段，用于药物体液浓度检测方面为主。应用稳定核素标记物可以研究药物在体内的代谢转化。

八十年代，稳定核素在药物研究中的应用异军突起，王世真准确地抓住时机，选择了稳定核素在中医药研究中的应用这一研究方向，十余年锲而不舍地努力，取得了丰硕的成果。

王世真领导他的实验室先后完成了治疗慢性肝炎新药联苯双酯（BDD）及抗癌药伪海南新碱的稳定核素标记物的制备研究，天018、川芎嗪等的稳定核素标记、体内代谢及药代动力学研究。通过对这些我国特有中药有效成分的分析研究，不仅阐明了它们的代谢及作用机制，为新药开发及药物结构改造创造了有利条件，而且闯出了一条以核技术研究具有我国特色的新药的途径，对中国新药研制与开发具有广泛的借鉴意义。

协和的那些老同事

王世真在中央卫生研究院药物系兼职时，常看到一位神采奕奕、衣着整洁的同志，从一个实验室走到另一个实验室，和科研人员有说有笑的，他就是该研究院的新院长沈其震同志。沈院长喜欢和每个人攀谈。一个领导能那么深入群众，深入实际，着实令王世真感觉新鲜。

沈其震（1906—1993），湖南长沙人，日本帝国医学院的医学博士，回国后在北平协和医院从事心理学研究，全面抗战爆发后，在上海参加救护伤兵工作。应叶挺之请，于1937年秋赴武汉，任新四军军医处处长。皖南事变后任新四军卫生部部长。他先后奉叶挺、刘少奇、陈毅之命，三次到香港会见宋庆龄，得到保卫中国同盟给予的医药物资支援，并利用各种关系动员了一些医药专家、教授、医务人员到新四军工作，其中有国际友人罗生特和国内医学专家江上峰、沈斋春等人，还在军医院培养了五百多名专业技术人员，分别输送到各个支队。军部医院无论在技术水平上，还是在工作精神上，都称得上是敌后根据地医院之冠。

1959年春，王世真代表医科院出席一个重要会议，在会上王世真系统总结了中国核医学发展的全貌。会后，沈院长和白希清、薛公绰两位院长听取王世真的汇报。为了筹办一个新研究所，医科院曾派出一个考察团，考察团当时正在苏联。沈院长听取了王世真的汇报后立即表示，考察团只

图5-5 周前、王世真与沈其震在一起（时间不详。王世真提供）

有掌握了国内重点项目的进展及需要解决的关键问题，才能有目的性地参观访问。经其他两位院长同意，他决定由他请外交部派专人将王世真的汇报送往我国驻苏使馆，以供考察团参考。于是，王世真和随同去开会的两位女同志连夜赶写了一份书面总结上交给沈院长。从这件事，王世真看到了沈院长雷厉风行的工作作风。王世真认为正是沈院长他们身经百战，才养成这样好的领导作风。如果领导都能这样不打官腔，积极解决处理事情，该多好啊！王世真常常发出这样的感慨。

解放初期，人力物力奇缺，做什么实验都很困难。在 1953 年或 1954 年，沈院长有一次让刘培楠叫王世真、方纲和毛守白等到他的办公室，问他们有什么急需的、市面上买不到的小仪器或贵重药品，他可托熟人在日内瓦代他们少量购置。那时我国尚处于被封锁之中。沈院长就是这样千方百计地给科研人员雪中送炭，按王世真的说法是主动把他想都不敢想的事给尽心尽力地办到了。

王世真至今记得，在 1965 年医科院的一次运动会上，年近六旬的沈院长信步走入操场，顺手举起很重的杠铃，令王世真大吃一惊：看上去温文尔雅的沈院长竟有这么大的力气。后来听说他在七十余高龄还每天从北极阁跑步到天安门。沈其震认为健康的身体是革命与工作的需要，所以他一向坚持锻炼。

1989 年，协和医院核医学科最重要的高级装备单光子计算机断层仪（SPECT）已经性能落后，急待更新。然而，医院一时拿不出几百万元买这种仪器。周前向沈院长仔细说明了购置新设备的用途：为冠心病、脑血管疾病、肿瘤等提供灵敏、准确的诊断。沈院长于是就和他夫人王务安为王世真和周前多方联系贷款购机的途径。经过他们的热情帮助，后来又得到医科院及协和医院领导的支持，一台性能优越的新 SPECT 很快就投入使用。

有了新机器，不但诊断了许多疑难症，挽救了一批危重病人的性命，而且他们进一步改善了图像质量，用这台机器做了不少科研工作，诊断了许多疑难病症。此新机器投入使用后，也获得了很好的经济效益，两年便还清了贷款。周前和王世真对沈院长的帮助一直铭记在心。

1982年，中国科协第一次组团参加在巴黎举行的世界核医学大会，王世真他们想在出席完巴黎大会之后再去参加伦敦举行的专题讨论会，申请迟迟得不到批复。沈院长知道后，主动给外交部负责同志打了电话，第二天，王世真他们便被批准办理赴英签证手续。只要是有利于我国医学事业发展的事，沈院长都会千方百计地设法解决。这是沈院长留给王世真最深的印象。

1990年，沈院长在王世真的一本小册子里题了一首诗，诗曰：

大局趋安定，斯民厌折磨。雨过天青后，人间喜剧多。

二十世纪八十年代，沈院长与王世真一同参加一个会议，会议结束后，他邀王世真去西北旺药用植物园看看。在那个黄昏，沈院长兴致勃勃地站在药圃，左顾右盼，像好奇的孩童一样看了又看，十分陶醉的样子。

另一位协和领导薛公绰先生算起来跟王世真缘分甚深，早在王世真二十世纪二十年代在东南大学附属小学念书时，薛公绰也在那个小学读书，只是他比王世真大三岁。当时他们彼此还不认识。直到二十世纪三十年代，他们又成为清华大学的同班同学时，彼此才算真正认识了。那时候，薛公绰先生的名字还是薛容，薛公绰是后来改的名字。他自己从来没有解释过这个名字的由来，后来他儿子读《论语》，才发现孟公绰就是春秋时期鲁国的大夫，其为官廉洁，清心寡欲，被孔子视为前贤。儿子因此疑惑爸爸给自己起名公绰，也许就是为了给自己树立了一个很高的为人标准。在王世真的印象中，薛先生当年平时都穿长布褂，很斯文稳重，走路时似乎老在沉思着什么。

到了“一二·九”运动，王世真虽然也痛恨日本侵略者和殷汝耕汉奸政权，并对国民党冀察政委会非常不满，参加了学生游行，但基本上王世真属于不问政治的那类学生。有些进步同学旗帜鲜明地走上抗日救亡第一线，他们组织和加入了中华民族解放先锋队，薛公绰就是其中的坚定骨干。

1937年春，薛公绰被中华民族解放先锋队派往山西太原“北京大学生寒假军政研究班”学习军事。1937年6月，他以优异的成绩毕业于清华大学。此后，他毅然参加八路军。据认识他的人回忆，南泥湾大生产、油灯下摇纺车，他也是一个好手。

王世真和薛公绰最密切接触的时期，就是1956年至1965年的这十年。1956年，薛公绰和沈其震、白希清三位领导刚刚接管了中国协和医学院（原属军委总后勤部）的中国医学科学院。医科院有十几个院所，都是新中国成立后建立的，有些还分布在中南、西南地区。那时，正在制定十二年科技发展远景规划，向科学进军，人们百倍忙碌。那些年，中国医学科学院的工作非常繁重而复杂：派人留苏学习、邀请苏联专家来中国，后来苏联政府撕毁协议，医科院要自力更生渡过难关；三年自然灾害、中印边境自卫反击战、援越抗美等，医科院都需要担负党和人民托付的任务。不难想象，医科院领导的担子在那十年中有多么重。王世真感慨说这十年却是医科院历史上最辉煌的时期，很大的原因是因为沈其震、白希清、薛公绰三位领导在医科院果断、高效、雷厉风行的工作作风。

因为要出国参加国际会议、筹办医科院同位素委员会、在老房改建同位素实验室、汇报全国防原会议的重要情报、申请调进人才等种种事情，王世真有过不少与三位院领导直接商谈工作的机会。在他的记忆中，只要是重要的事情，他们三个人一同听取情况，一起商量，立即拍板解决。王世真认为他们这种勇于承担责任、雷厉风行的工作作风，是在长期革命战争生死搏斗中锻炼出来的。

薛公绰特别重视知识分子的思想工作，经常深入基层了解情况，同知识分子促膝谈心，为科研人员排忧解难，有力地促进了科研工作的开展。他为人厚道诚恳，毫不虚情假意；处事干净利落，从不拖泥带水；工作认真负责，从不敷衍搪塞；生活简单朴素，常常是以几块饼干和一杯茶水代替午餐；群众都愿与平易近人的他接近。直到现在，许多科研人员都还怀念着他。回忆起薛公绰，王世真自然免不了顺便对时风来一番抨击：“相形之下，今日有的掌权者不敢负责任，讲空话，讲情面，搞形式主义，搞特殊化，甚至腐化堕落，这是多大的反差！”①

---

① 王世真、徐守仁等:《薛公绰纪念文集》。北京：北京科学技术出版社，2010年，第83页。

薛公绰还有两个特点，也给王世真留下深刻的印象。一是他的记忆力非常强，凡是见过一面的人，多少年以后他都能叫出名字。二是他作报告时，条理清晰，简明扼要。这些也是王世真的许多同事，包括周前在内的许多人对他的共识。

1951 年 10 月 1 日，王世真到协和医学院生化系报到时，才知道新主任是刘士豪（1900—1974）教授。王世真记得当时的协医生化系，除了王琳芳、方慈祺、胡咏梅、吴德昌等几位毕业不久的小姑娘、小伙子外，还有副教授梁植权。当年的梁植权英俊潇洒，写得一笔好字，而且出口成章。王世真到史家胡同刘士豪的家时，刘士豪非常高兴，请王世真一家到他家里吃饭。他对刚从美国回来的王世真的洋味十足的两个孩子倍感兴趣，刘士豪夫妇还在圣诞节给王世真家送来一盆美丽的鲜花。

刘士豪[①]的父亲是个湖北木材商，祖籍江西。刘氏家族经营木材已有上百年的历史，但到了刘士豪父亲这一代，由于连年战争，生意也一度停顿，再加上物价飞涨，刘家抗战后的资产不及战前的十分之一。刘士豪的四个哥哥都被送去做学徒，只有刘士豪，父亲决定送他读私塾。

刘士豪在文华中学接受了中学教育，全部的功课都是英文教材，他仅用四年就读完了六年的课程。就在这一时期，母亲身染重病，全家举债度日，治疗数年病愈，刘士豪由此决定学医。

在协和医学生中，刘士豪算是极为特殊的一个。大家都是西装领带，只有他身穿一袭棉袍。几乎所有的节假日，他都在图书馆度过，再加上不善交际，就是个书呆子。但他天赋异禀，孜孜不倦，考试成绩名列前茅，令老师、同学都对他刮目相看。1925 年，刘士豪毕业，这是北京协和医学院的第二届毕业生，由于协和的高淘汰制，仅仅五人毕业，刘士豪因总成绩最高还拿到了协和毕业生的最高荣誉——“文海”奖。

北京协和医院内科教授、北京协和医学院生物化学系系主任、北京同仁医院院长，是曾两度赴美国进修的刘士豪的三个最主要的职务。出众的能力、极高的威望、饱满的热情，使他在这三个重要岗位上游刃有余。身

① 关于刘士豪的生平笔者参考了北京协和医院编的《刘士豪画传》。中国协和医科大学出版社，2010 年。

兼数职，刘士豪在百废待兴的新时代充分发挥着领导者的作用。他在协和医院重新恢复了每周一次的临床病理讨论会，鼓励基础学科的工作人员也尽量参加，使基础与临床的人员交流更为频繁，讨论更为深入，凡参加者无不印象深刻。军事医学科学院院长吴德昌院士回忆说，他从临床病理讨论会中学到了很多知识和方法。

刘士豪的著作《生物化学和临床医学的联系》，于 1957 年由人民卫生出版社出版。这本书用现代生物化学、生理学的理论观点，探讨了钙磷代谢和骨质病，钠和钾代谢，糖尿病，水电解质平衡，蛋白质营养，垂体、甲状腺、肾上腺、卵巢等内分泌疾病的发病机理和治疗。这是他几十年理论和实践相结合的结晶，被视为基础与临床相结合的典范。当时，在北京协和医院和北京有些大医院的内科，几乎人手一册。研究基础理论的人读后，知道如何用理论指导临床实践；临床医师读后，对诊断、治疗疾病，有了更可靠的依据。

刘士豪和王世真很谈得来，几乎什么都谈。刘士豪平时很严肃，有一次他对王世真说："看电影，我最喜欢看美国三十年代的爱情影片。"王世真吃惊之余，印象深刻。

还有一件事使刘士豪也给王世真留下很深的印象：刘士豪每天晚上都要读书到十一点以后。在王世真看来，协医的大师，大致有两类：一类很少去图书馆，全凭几十年的临床经验；或临床技术好，因而对疑难疾病都会做出精确的判断，提出最佳的处理方案。另一类如王志均、谢少文、王叔咸等教授，几乎每星期日上午都在协医图书馆看书，风雨无阻。刘士豪涉猎很广，博学多才，他的积蓄大部分都用于从美国购买原版的杂志和书籍，他家的藏书也总是最新最全，他每夜都在自己家书房里阅读这些外文杂志，比谁都看得更深入、更痴迷。

同时，刘士豪也教育学生们要博览群书，吸收多学科的营养，拓宽自己的思路。刘士豪具有惊人的学术敏锐性和远见卓识。1960 年，美国学者 Berson 和 Yalow 刚在杂志上发表"胰岛素的放射免疫分析"一文，刘士豪立即预见到这一新技术将给内分泌学带来巨大的推动和变革，也会给医学生物学的微量分析带来划时代的创新。果然，Yalow 博士因此获得 1979 年诺贝尔生理学或医学奖，而刘士豪于 1962 年特意为这一项目招收陈智周做他的首名研究生，从事这项新技术在我国的创新研究。尽管当时一无条件，二无经验，陈智周只是一个应届大学毕业生，由于大学学的是俄文，英文底子很不好，又缺乏临床和实验室经验，刘士豪并没有对她失去信心，而是循循善诱，逐字修改陈智周的英语报告和文章，并聘请免疫学专家谢少文和放射医学专家王世真辅导陈智周。他让王世真帮陈智周用核素标记胰岛素，又让谢少文带陈智周研制胰岛素抗体。这样，在美国完成胰岛素放免分析不到四年，在王世真的精心辅导下，在实验室中制备合成了我国第一项 ^{131}I 标记的放射免疫分析，是一项赶超国际先进水平的领域的开端。①

王世真认为每个内科大师都必须是生化专家，而刘士豪就是精通生化，尤其是临床生化。同时，刘士豪是王世真所认识的专家中英文最好的。王世真受过教会中学、燕京、清华等“洋”教育，自认为自己的科学英文写作并不比一般美国本土研究生差。但是，王世真在生化系每写完一篇文章，在英文摘要或关键的结束语之处，刘士豪都会给王世真“画龙点睛”般的指导。记得有一篇论文，他给王世真加上“some such”，至今王世真仍觉得这个词加得再合适不过了。

1970 年，王世真在“德昌厚”（商店名）看到刘士豪本来很魁梧的身躯竟变得骨瘦如柴，外面披着又松又大、无风自转的脏大衣。一时，王世真愣在那里，两人四眼相对，都不知道说什么好。那时候的刘士豪如此虚弱，还要被迫爬上梯子擦窗户。王世真痛心之余，每每都替他捏着把汗。

难忘的干校生活

“文化大革命”开始时，王世真被监督劳动。人家喊“毛主席万岁”，

① 北京协和医院编:《刘士豪画传》。北京：中国协和医科大学出版社，2010 年，第 128 页。

王世真也跟着喊。造反派就对他边骂边打：“你也有资格喊？”不过总的来说，在“文化大革命”中，王世真被打的次数还不算多。

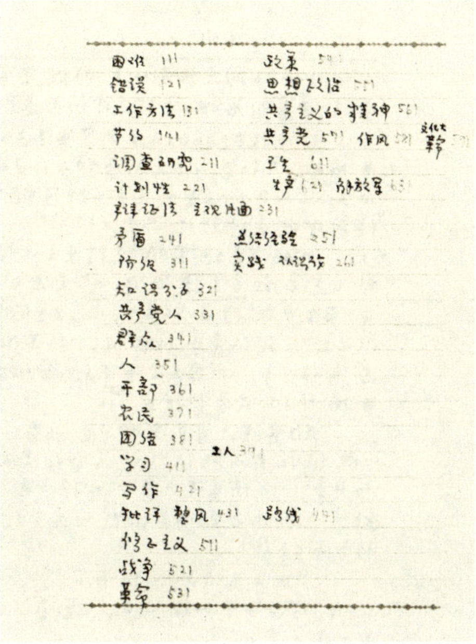

图 5-6　王世真摘抄毛主席语录的笔记目录
（王世真提供）

“文化大革命”后期，王世真被派去江西省永修县卫生部五七干校，属于第一批。在干校，他们与农民同吃、同住、同劳动。“双抢”时，他们凌晨三点钟天还没亮就下地，要到晚上九点钟才能收工。8 月，烈日当头，劳动强度又大，王世真才真正了解到农民的艰辛。也就在王世真参加“双抢”时，母亲在北京得了膀胱癌，尿血。王世真当时只知道母亲病重，并不知道她患了癌症。他给母亲写了一封长信，希望母亲保重身体。母亲收到那封信后，就把信压在自己的床底下，每天拿出来看一看。①

王世真算较幸运的，去干校之前，已经摘掉了扣在他头上的各类帽子，去干校的身份是五七战士，到了干校不再挨批了。而黄家驯那些老教授因下放到干校时还没被摘帽，属于在干校也要被监督劳动的。连里有个留美的郭教授，老被人揪小辫，老是挨批斗。连他来干校时从家里带的一点肉松，因没藏好被发现了，也要挨批。他岁数大，眼神儿不好，有一次下地走到半路掉到一个深坑里，过了好久才被发现后拉上来了。还有一次，他把粥拿回房内吃，不小心洒了一摊粥在凳子上，正好有个连队干部进来，他赶紧一屁股坐到洒了粥的凳子上，一动都不敢动，怕被发现后再挨一顿批。②

① 王世真访谈，2010 年 6 月 15 日，北京。资料存于采集工程数据库。

② 王世真访谈，2010 年 11 月 15 日，北京。存地同上。

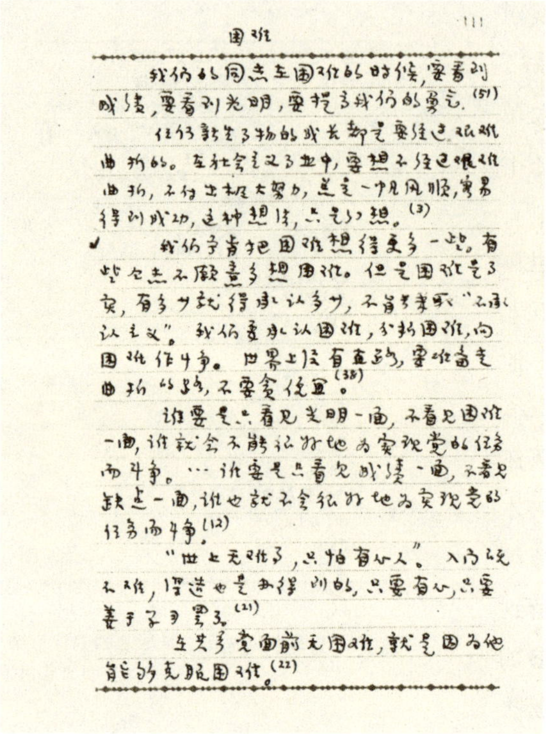

111

困难

我们的同志在困难的时候，要看到成绩，要看到光明，要提高我们的勇气。(51)

任何新生事物的成长都是要经过艰难曲折的。在社会主义事业中，要想不经过艰难曲折，不付出极大努力，总是一帆风顺，容易得到成功，这种想法，只是幻想。(3)

我们要把困难想得更多一些。有些同志不愿意多想困难。但是困难是事实，有多少就得承认多少，不应当采取"不承认主义"。我们要承认困难，分析困难，向困难作斗争。世界上没有直路，要准备走曲折的路，不要贪便宜。(38)

谁要是只看见光明一面，不看见困难一面，谁就会不能很好地为实现党的任务而斗争。……谁要是只看见成绩一面，不看见缺点一面，谁也就不会很好地为实现党的任务而斗争。(12)

"世上无难事，只怕有心人。"入门既不难，深造也是办得到的，只要有心，只要善于学习罢了。(21)

在共产党面前无困难，就是因为他能够克服困难。(22)

图 5-7　王世真摘抄的毛主席语录（王世真提供）

在干校，王世真什么活都干过：盖房子、种地、看野猪、挑粪等。连队里的干部对王世真还有些照顾，别人下地劳动，派他去看水，因为这个活儿相对轻松些。下大雨的时候，王世真就披上斗笠，拿把铁锹，提着马灯，去渠上察看。漏水的地方就铲几锹土给堵一下，什么地方堵了就疏通一下。有时候，干校新来一批北京的教授，就要王世真讲一讲参加劳动的心得体会什么的。

王世真有个优点，那就是极力调整自己去适应环境，因此干校期间，王世真感觉心情愉快，每天只要一躺下，马上就睡着了。有一阵子，王世真和一位女同志被派去种白薯。种白薯需要的肥料，他们就自己去捡。可附近的牛粪都被人捡光了，要找到牛粪就得跑到好远的山上。有一次跑累了，王世真想躺下歇歇再走，谁知一躺在草坡上，就睡着了，梦见一堆跟蛋糕一样高的牛粪，高兴得不得了，好不容易才见到那么好的牛粪。①

在干校期间，什么挑水、扔砖头虽是技术活，王世真都学会了。在干校的两年，吃红米饭，喝南瓜汤，顿顿吃得精光，胃口从来没那么好过。

1969 年，王世真从五七干校派去农村，和贫下中农同吃同住同劳动。当时村里连卫生所都没有，王世真就买了一批常用药品，随身带了一个药

① 王世真访谈，2011 年 10 月 15 日，北京。资料存于采集工程数据库。

箱，尽可能给乡亲们看些小病。几乎每天都可能碰上伤风、咳嗽、腹泻、消化不良、工伤、烫伤等需要治疗的病人，王世真带的这些药品还真有用。村里人平时不大吃药，不像城市居民那样有耐药性，吃点王世真给的药就有效。王世真还带去一套针灸用针、耳针、穴位探测器，以及王世真专请别人设计安装的多道频谱仪等理疗设备，这些医疗仪器也很解决问题，受到村民的欢迎。王世真给老乡们治病的心得是农民的病比城里人的好治，他们的病简单，稍一治疗就见效，不像城市里人的病那么复杂。

图 5-8　在干校劳动的王世真（1969 年。王世真提供）

1971 年，中国医学科学院派一部分在三线工作的科技人员脱产学习三个月中医。王世真因此有了学习中医的机会，而且作为一个本来就在医院工作的基础理论研究者，他对中医的理论和实践一向就很感兴趣，得到这样的进修机会，王世真学得挺起劲。

干校领导要王世真每周抽出半天，深入山区看病。那一年王世真刻意留了胡子，找他看病的病人特别多，肯定农民多半是冲着王世真的胡子来的：他们以为中医的本领总是与年龄成正比。王世真对自己留胡子的这一招很得意。

从深山里来看医生的农民大多患的是慢性病，为他们开方子不容易，况且经典的药方一般都是多味中药组成的复方，药名和剂量王世真还真记不清。于是，王世真一边和病人聊天，详细了解病情，一边翻书查对、抄方，难免有些心虚。出乎王世真意料的是，病人对此不但没有不满，反而非常高兴："老大夫就是仔细认真。我跑十几里路去县医院看病时，还没讲清得了什么病，医生的方子就给开好了，根本不如您认真哪。"王世真每次下山后，继续查资料，并向老中医请教，下次再去时，对上次的药物配伍做些调整，直到病人的病情好转。

天冷，滴水成冰。跟王世真住一个帐篷的同志花两毛钱买了一大堆干稻草，分了一些给王世真，王世真将其垫在褥子底下，垫得高高的，晚上睡在上面，一下子觉得暖和了许多。生活如此艰苦，可他在写给母亲和妻子的信中是这样说的："想到世界革命形势空前高涨，年轻一代在毛泽东思想哺育下迅速成长，就觉得很光明，很幸福。"[①]

图 5-9 在干校麦田劳动的王世真（1970 年。王世真提供）

出身富裕家庭的王世真以前对农民和农村的生活了解甚少。他从小只知道用功读书，一直到干校劳动改造之前几乎从来不参加什么劳动，干校生活强健了他的体魄，并使他拓宽了人生经验。因此，每当谈起这一时期的经历，他总是兴致勃勃。他似乎更喜欢回忆这段生活，远甚于回忆科研经历。当然，根据笔者多次采访他的经历，他对回忆干校生活的兴趣，还是让位于回忆自己家族史的兴趣。

王世真一生都是一个充满激情与干劲的乐观主义者，我们从他在干校时写给妻子和生病的母亲的一封信中可以领略这一点：

妈、小景、敦芳[②]：

妈 9 月 22 日来信，景 9 月 20 日信（19 晚写的），都已先后收到。这两封都是 3 日内寄到，即使派专人坐火车带来的话，也不会比这

① 王世真给母亲和妻子的信，1971 年。资料存于采集工程数据库。

② 敦芳是王世真的儿媳，来自农村的贫下中农家庭。

更快。

妈左手手指失灵，的确令人着急。妈这种病，从西医目前的知识看，最怕发生两种可能性：一是局部疼痛，二是身体其他部位有新病情。现在看来，病情又有发展。怎么办呢？从昨天想到今天，也没有想出太好的办法。

毛主席说："我们的同志在困难的时候要看到成绩，要看到光明，要提高我们的勇气。"从大处看，黑暗的旧社会，受人欺侮，乃至几乎被列强吞并的旧中国已经一去不复返了。我国已成为世界革命的中心。全中国的劳动人民意气风发，丰衣足食，用"敢教日月换新天"的革命干劲与雄心壮志，把我国建成一个最好的新社会。这在农村看得最明显。人们的精神面貌与思想境界空前提高。新房子一栋栋盖起来。粮食逐年增产。过去最苦最苦的穷孩子，今天成为保卫伟大社会主义江山的武装基干民兵。其中一个和我们在一起，今晨正在把他的冲锋枪（一种很轻便而火力很厉害的新式武器）擦得很亮很干净。

从小处看，年轻一代在茁壮成长。小渼很强壮，很有志气。敦敦已成为一个年轻的工程技术人员。敦芳给我们带来了贫下中农的优秀品质，既聪明能干，又关心家里每个人。妈在抗日战争时期亲自哺育的小敦敦，现在就要当爸爸了。说不定在妈八十整寿时，就看到曾孙或曾孙女了。景泉在重病之后，又上了全班。我自己也正在深入到工农群众中去，得到重新学习、接受再教育的这一极好机会。

总的看来，每个人都很好，都在毛主席指引的社会主义大道上阔步前进。我相信，许多人还很羡慕我们哩。前途是光明的。

多少人向往着北京。住在北京，也是很幸福的。病，当然很恼人。不过，在北京生病，条件还是比较好，这也是不幸之幸。想远些，想开些，想到祖国在飞跃前景，想到毛泽东思想正在照耀着我们一家，把我们从过去深受封、资、修思想影响下解放出来，转变成为能够更好地为人民服务、能够赶上时代前进步伐的新型家庭，妈该提高勇气啊！

景泉在工作岗位上一再受到表扬，开始成为工农兵所欢迎的医务工作者。义弟来信，朝气蓬勃，最近又被评为五好战士。景泉能够安心工作，与妈的鼓舞分不开。义弟和我能够走上五七大道，认真改造世界观，也是得到妈的支持的。记得妈年轻的时候，是爱国的，是关心社会改革的，也曾热情投身于当时的民主革命运动。这几年，特别是在重病中，妈虽然不能直接参加社会主义建设与社会主义革命，但是，妈仍然是热情歌颂新中国和忠于毛主席的。上次满怀激情地写出迎九大的诗，写得多么好啊！毛主席教导我们："一个人能力有大小，但只要有这点精神，就是一个高尚的人，一个纯粹的人，一个有道德的人，一个脱离了低级趣味的人，一个有益于人民的人。"妈的精神，包括和疾病作斗争的精神，是值得我们学习的。

下月 15 日左右，我们要回干校，换第二批来农村插队。下月 10 日以前来信，仍寄东山大队。10 日以后来信，则寄干校双所连。

我们这批下乡的小分队是老中青三结合的，其中有教授、副教授三人。下一批，领导上决定，由中青结合组成。我能够首批下来向贫下中农学习，机会真难得。这批倘使没来，以后可能便没有机会来了。

两个多月来收获很大。可惜，时间紧，不能在这里畅谈。

今天我们到几十里外去采集中草药。前天我们也上山采过半天药。中草药，对于解决广大农村医疗需要和创造新医学派，大有前途。我们刚刚在学习。山上田边，全是中草药的宝库。毛主席说："农村是一个广阔的天地，在那里是可以大有作为的。"对于中草药的研究和利用来说，也完全是这样。

姓卢的新阿姨，希望能安心帮助照顾妈和料理家务事。要体贴人，要平等待人，外婆更要注意搞好团结。

敦芳要注意身体。闷时，可以看看电视，一面可以生活得更活泼愉快些，一面也可以受到教育。要常给父母去信，免得他们思念。

敦芳思想水平高，口才也好，望就近从思想上多帮助奶奶，从精神上安慰奶奶。景泉知道人是有第二信号系统的，在忙累的时候，也多注意保护性医疗才好。

永远忠于伟大领袖毛主席！祝

健康！

真 1970.9.26 晚

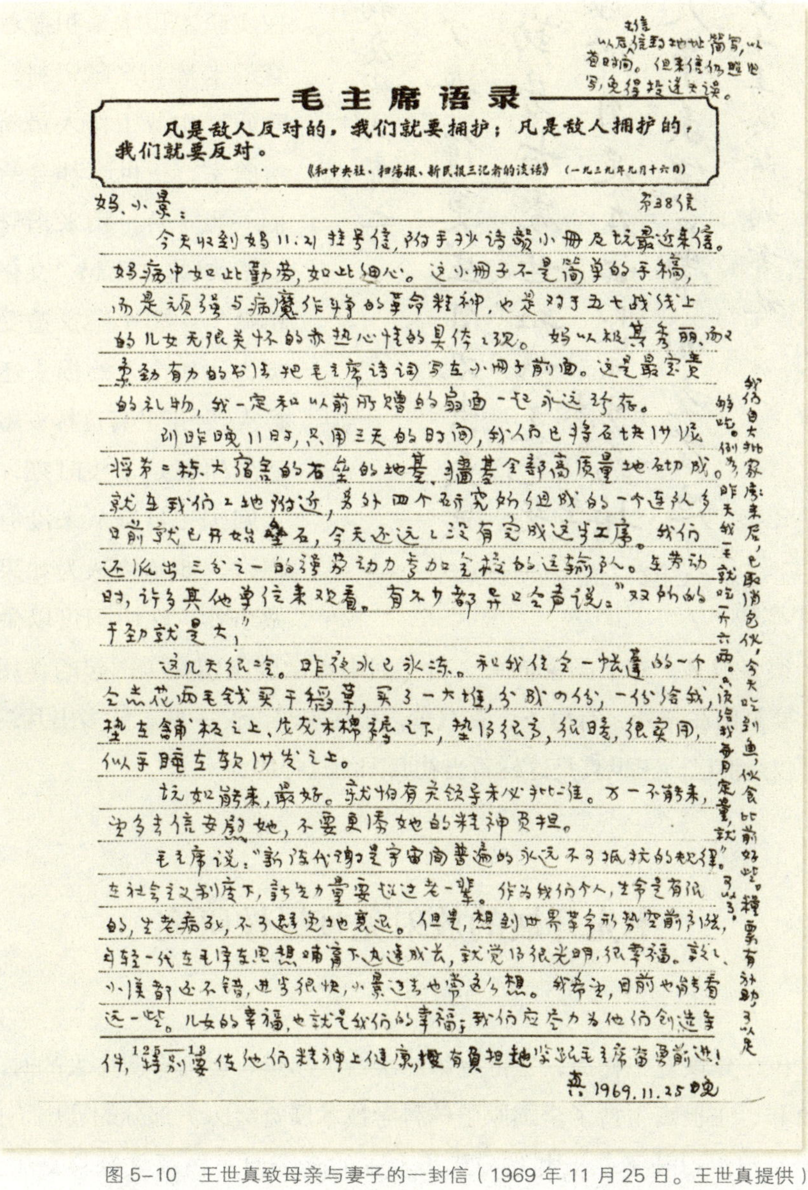

以后信封地址简写，以省时间。但来信仍照旧写，免得投递失误。

毛主席语录

凡是敌人反对的，我们就要拥护；凡是敌人拥护的，我们就要反对。

《和中央社、扫荡报、新民报三记者的谈话》（一九三九年九月十六日）

妈、小景： 第38信

今天收到妈11.21挂号信，附手抄诗词小册及玩最近来信。妈病中如此勤劳，如此细心。这小册子不是简单的手稿，而是顽强与病魔作斗争的革命精神，也是对于五七战线上的儿女无限关怀的赤热心情的具体表现。妈以极其秀丽、而又柔劲有力的书法把毛主席诗词写在小册子前面。这是最宝贵的礼物，我一定和以前所赠的扇面一起永远珍存。

到昨晚11时，只用三天的时间，我们已将石块1547块将第二栋大宿舍的石垒的地基、墙基全部高质量地砌成。就在我们工地附近，另外四个研究所组成的一个连队多日前就已开始垒石，今天还远远没有完成这步工序。我们还派出三分之一的强劳动力参加全校的运输队。在劳动时，许多其他单位来观看。有不少都异口同声说："双所的干劲就是大"。

这几天很冷。昨夜水已冰冻。和我住在一帐篷的一个同志花两毛钱买了稻草，买了一大堆，分成四份，一份给我，垫在铺板之上、床垫木棉褥之下，垫得很多，很暖，很实用，似乎睡在软沙发之上。

玩如能来，最好。就怕有关领导未必批准。万一不能来，望多去信安慰她，不要再增她的精神负担。

毛主席说："新陈代谢是宇宙间普遍的永远不可抵抗的规律。"在社会主义制度下，新生力量要超过老一辈。作为我们个人，生命是有限的，生老病死，不可避免地衰退。但是，想到世界革命形势空前大好，年轻一代在毛泽东思想哺育下迅速成长，就觉得很光明，很幸福。敦敦、小俣都还不错，进步很快，小景近来也常这么想。我希望，目前也能看远一些。儿女的幸福，也就是我们的幸福；我们应尽力为他们创造条件，125—13 特别要使他们精神上健康，没有负担地紧跟毛主席奋勇前进！

真 1969.11.25 晚

我们自大批家属来后，已取消包伙，今天吃到鱼，伙食比前好些。粮票有补助，可以足够吃。例如，昨天我一天就吃一斤六两。今后给我每月定量，就可以了。

图 5-10 王世真致母亲与妻子的一封信（1969 年 11 月 25 日。王世真提供）

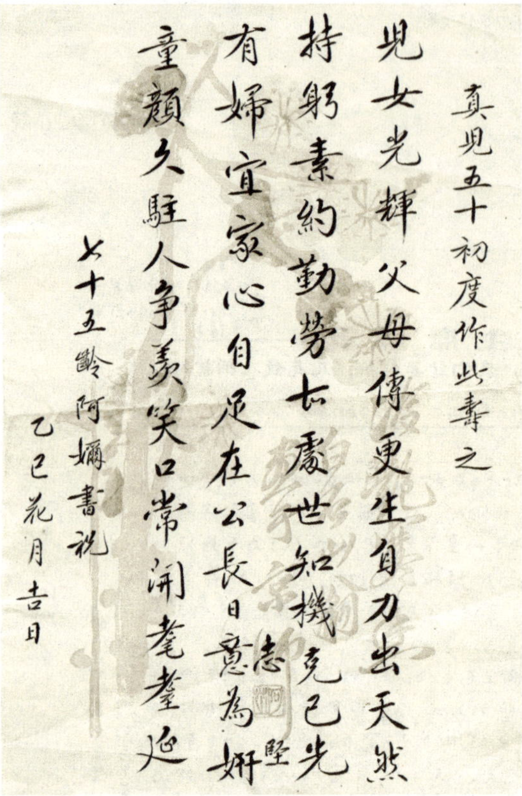

图 5–11　王世真五十岁时母亲为他写的诗（1976 年。王世真提供）

“文化大革命”中王世真感到最痛心的是丢失了多年的科研笔记和科研资料，这些资料凝集着王世真的心血和经验。王世真在实验室里本来积攒着成套的卡片和文献资料，当时研究生或工作人员新到实验室，王世真都会给他们一张卡片，用来指导他们做实验。“比起‘文化大革命’中整个国家遭受的损失，我个人的损失还不算大。”王世真这样安慰自己。即便是干校时期，对于回国王世真从来没有后悔过。他始终认为如果要做事业，在中国可以做的事情很多很多，对于国家而言，自己回来肯定要比留在美国起的作用更大。要是留在国外，有房子，有汽车，生活水平会高一些，能多出几篇论文，仅此而已。王世真是这样看当初回国的选择的。

率先开展的放射免疫显像研究

1971 年恢复工作后，王世真第二次白手起家，奋力夺回失去的时间。1972 年，王世真主持了全国原子核科学技术展览会医学部分的展出工作，接着又组织召开了二十九省市代表参加的全国原子核医学经验交流会。

1973年，为卫生部办培训班而主编的《同位素技术及其在生物医学中的应用》一书，连同王世真他们研究集体的三项科研工作，后来都获得全国科学大会成果奖。

1978年，王世真的妻子黄景泉参加编写儿科专著时，因操劳过度，

图5-12 王世真在全国核医学展览会（1971年。王世真提供）

图5-13 同位素新技术交流学习班全体师生合影（1973年。王世真提供）

图 5-14 王世真在四川简阳（1973 年。王世真提供）

患脑出血去世。

黄景泉是广西贵县人，出生于 1921 年，1942 年毕业于江西中正医学院，其后在上海中美医院、上海国际医院任医师等职，在美国艾奥瓦州立大学儿童医院、美国芝加哥路易斯纪念医院和美国艾奥瓦圣玛丽医院等处工作过。1951 年回国后，任北京市儿童医院主治医师。1958 年，任天坛医院儿科主任。1970 年，任北京市崇文医院儿科主任。

黄景泉曾在 1956 年做过切除肠息肉的大手术，1969 年恶变转移到胸腔上淋巴结。后来开始吐血，肺上有大片阴影，但她照常工作。她说：“与

图 5-15 全国原子医学经验交流会会场（时间不详。王世真提供）

其死在手术台上，不如工作到生命最后一刻。”直到临终前一日，还在为筹备儿科年会审阅学术论文。她长期照顾母亲和婆婆，女儿身体不好，也需要她照顾，同时还要在精神上和生活上处处关心和支持远在简阳的王世真。她平易近人，处世沉稳，心肠柔软，有时明明身体不舒服，正躺在床上休息，可邻居敲门找她给孩子看病，她从不拒绝。

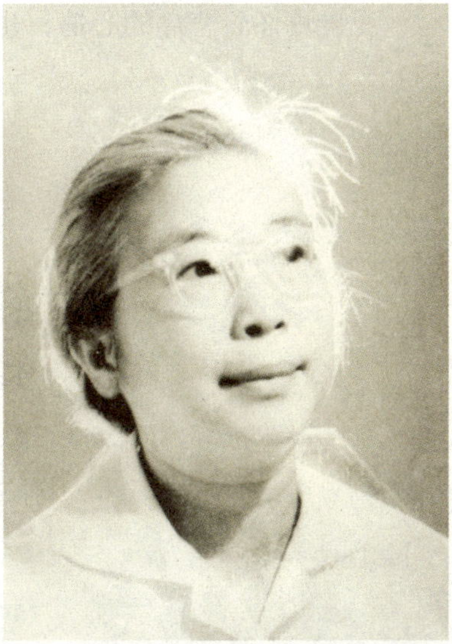

图 5-16　晚年的黄景泉（时间不详。王世真摄，提供）

黄家驷的夫人向王世真的母亲学写旧体诗，所以跟王世真一家都很熟。得知黄景泉去世，黄家驷夫妻二人合写了下面这首诗来悼念她。

悼念黄景泉同志①

私公福业正辉辉，
噩耗传来痛震雷。
救女恩师神健好，
何由遽尔云西归。

回肠百转哭连连，
病女多灾你恨天。
锦岁人欢遗物忌，
九泉其为四化悬。

——黄家驷　徐春棣　敬挽

① 黄家驷夫妻:《悼念黄景泉同志》。1978 年，未刊稿。资料存于采集工程数据库。

王世真怀着悲痛的心情，也写了一首诗悼念他的爱人。

悼念景泉[①]

王世真

自小相随肺腑依，
可悲未老便孤飞。
贤妻慈母兼良友，
未遂雄心泪暗挥。

结发情深四十年，
齐心砥砺为攻坚。
天生小景人人美，
莫怪仙山招我泉。

笔者曾请王世真评价一下黄景泉，王世真只是喃喃地说："贤妻良母，贤妻良母。"此外，并不多说。

1978年，王世真与周前教授（她于1958年创办中国第一个临床核医学科）共同接待一个有五十一个人（其中至少五位曾任过美国核医学会会长）组成的美国核医学代表团，并组织相应学术活动。

1979年，王世真又接待由七十一人组成的美国核医学代表团；王世真还陪同他们到上海、杭州等地交流经验。1980年，王世真应美国核医学会邀请，参加了他们的年会，并访问了八个城市的许多著名核医学中心。

从1978年至80年代初，核医学科接待的各国核医学专家不可胜数，其中有世界核医学联盟主席、欧洲核医学联盟主席及各国核医学会会长等，这些学术交流促进了我国核医学的发展。

1980年1月，王世真和周前教授结婚。也在这一年，王世真在广州开

① 王世真：《悼念景泉》。1978年，未刊稿。资料存于采集工程数据库。

图 5-17　中国核能学会筹备委员会第一次全体会议合影（前排右四为王世真。1979 年。王世真提供）

会时，从广播里听到自己被选为中国科学院学部委员了。

周前出生于 1926 年，是上海人。1949 年毕业于北京燕京大学，1953 年毕业于上海圣约翰大学医学院，1959 年赴苏联中央医师进修学院及列宁格勒放射医学研究所学习，1981 年赴美国密歇根大学医学部及麻省理工学院总医院进修临床核医学。

王世真和周前早在五十年代就认识。当时卫生部委托军事医学科学院和中国医学科学院举办“放射性同位素临床应用学习班”，参加在北京的第一期训练班学员中北京协和医院就占了四名。训练班借用三〇一医院的几间房作为教室及实验室，设备条件简陋，时间很短，只有一个月，但教师和学员的热

图 5-18　王世真与周前在伦敦考察时合影（1980 年。王世真提供）

情都很高。学习结束回到协和医院，院领导很重视这门新兴学科，再派常世琴和另两名副教授去参加在天津举办的第二期训练班，又腾出十六楼 0 层，让周前和陈仁墒工程师筹建协和医院同位素室（当时国际上都称核医学科为同位素室），意味着国内第一个临床核医学科诞生了。

1958 年下半年，周前等开始了甲状腺摄 ^{131}I 试验、^{32}P 测定乳腺肿块、^{131}I 治疗甲状腺机能亢进症、^{32}P 治疗血液病等工作。1959 年，陈仁墒工程师研制成功国内第一台直线扫描仪。也是 1959 年，医科院放射医学研究所成立，同位素室划归放射所（因是临床科室设在协和医院，又受协和医院领导），同时建立了放射病组，徐秀凤、常世琴均分到了放射病组，同位素组由周前负责。至 1966 年"文化大革命"前，同位素组的处境很困难，它不是放射所的重点，协和医院又不负责人员编制和设备（只提供一百元以下的消耗品），组里只有一名主治医生、两名住院医生、一名研究生（1960 年招收了国内第一名临床同位素专业研究生）和一名技术员，但是在大家的共同努力下开展了多项国内领先的科研项目，如：建立了"^{32}P 和 ^{51}Cr 标记红细胞测定红细胞容量""^{51}Cr 测定红细胞寿命及红细胞破坏场所""^{131}I 标记脂肪的小肠对脂肪吸收试验"及"血浆蛋白结合 ^{131}I 及转换率测定"等。医疗上又开展了甲状腺及肝扫描，肾图，胸、腹腔内注射放射性胶体治疗恶性肿瘤，^{32}P 敷帖治疗皮肤病等工作。

"文化大革命"初期虽然受到了冲击，但周前他们的工作仍不断前进，如 1967 年他们与仪器所合作研制成国内第一套肾图仪，并送交广交会展出（后由天津医疗仪器厂生产，成为国内最早的商品肾图仪）。

1969 年放射所内迁三线，放射病组随迁，同位素组重新回归协和医院，成为名副其实的同位素室，人员增加到医生五名，技术员、护士五名。1970 年年底至 1971 年，原子能所研制了两种发生器（^{131} 锡 –^{131m} 铟和 ^{99} 钼 –^{99m} 锝），周前他们积极参加了此二发生器和配套药盒的研制和试用，从而带动了脏器扫描的发展，如脑、肾、肺、淋巴、血池、胎盘等扫描都建立了方法并应用于临床。至 1973 年诊断项目增加到十四项，治疗五项。

1974 年，周前等受卫生部委托与北京综合仪器厂（国营二六一厂）合作研制成国内第一套符合国际原子能机构（IAEA）要求的甲状腺摄 ^{131}I 功能仪，于 1975 年正式投放市场。“文化大革命”后大家心情舒畅，积极性更高。1977 年，他们得到国家科委的资助和院领导的支持建立了放射免疫分析实验室；1978 年，已能自行制备抗体测定血清 T3、T4 及 TSH 水平，将甲状腺疾病的诊治推上一个新台阶。

放射所 1959 年成立时，王世真是筹备者之一。“文化大革命”期间，放射所搬迁到了四川简阳。放射所能够从四川简阳搬到天津，是王世真找的伍绍祖，伍绍祖又找了当时天津市的市长李瑞环，虽然李瑞环同意放射所在天津落户，可是其他很多人害怕核辐射。为此，王世真给天津市领导们讲了一天课，普及有关知识，特别是他列举的关于全世界很多核技术研究机构都在大城市的实例让领导们放了心，最终放射所搬到了天津。但王世真因为研究的需要，几乎没怎么在天津待过。1979 年 1 月，他调回了协和同位素室后，成立了实验核医学研究室，为协和医学院核医学的基础研究创造了条件。

1979 年开始，王世真和周前连续十五年主持被称为“生物导弹”的放射免疫显像研究（三个五年计划重点项目），在国内首先开展放射免疫显像（RII）定位诊断肿瘤工作，建立了以培养的肿瘤细胞为抗原，制备、鉴定和标记单克隆抗体，移植瘤动物模型实验，直到临床应用的一整套技术方法。放射免疫显像，头五年王世真牵头，后两个五年，由周前牵头。其中一部分成果可以和国外同类工作媲美。

早期诊断是攻克肿瘤的关键。NMR、CT、B 型超声、X 线造影等通常采用的肿瘤影像诊断技术，只能反映肿瘤与周围组织密度的差别，提供形态学的影像，并不能分析肿块的生化属性。即使应用腹腔镜或支气管镜等内窥镜直接观察肿块或进行活检，也受到取材部位、范围、病人耐受性等因素的限制。RII 综合现代免疫学和核医学的最新技术，利用放射性核素标记抗肿瘤相关抗原的抗体能够浓聚在肿瘤的原理，可以从体外获得肿瘤及其转移灶的阳性显像图。它既能达到定位诊断肿瘤的目的，也有识别肿瘤性质的优点，对判断肿瘤的转移、术后复发、监测疗效、鉴别良恶性肿瘤等有独特的价值。鉴于 RII 在肿瘤定位诊断上的独到作用，已成为当前世界范围内核医学和肿瘤学研究中极为引人注目的热门课题。1983 年，

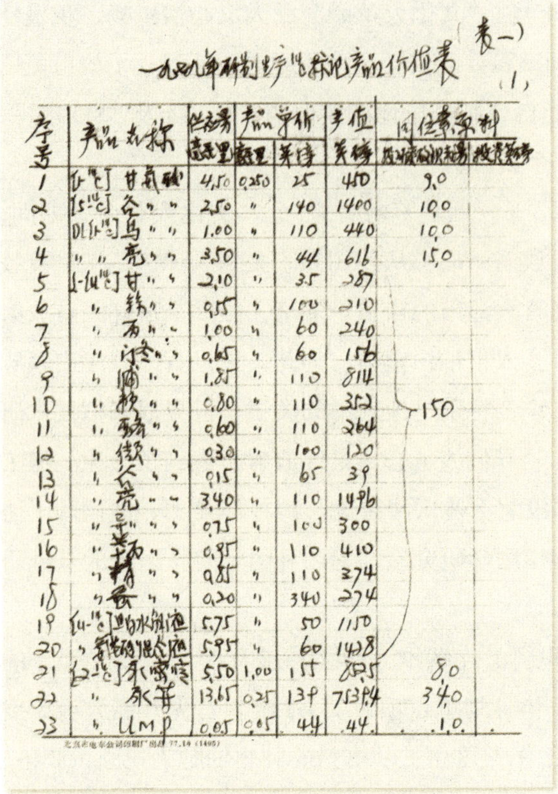

一九七九年研制生产标记产品价值表（表一）

（1）

序号	产品名称	[illegible]	产品单价		产值	同位素原料	
		[illegible]	[illegible]	美元	美元	[illegible]	投资美元
1	[1-14C]甘氨酸	4.50	0.250	25	450	9.0	
2	[illegible]	2.50	〃	140	1400	10.0	
3	[illegible]	1.00	〃	110	440	10.0	
4	〃 〃 亮 〃 〃	3.50	〃	44	616	15.0	
5	[illegible]	2.10	〃	35	287		
6	[illegible]	0.55	〃	100	210		
7	〃 丙 〃 〃	1.00	〃	60	240		
8	[illegible]	0.65	〃	60	156		
9	[illegible]	1.85	〃	110	814		
10	[illegible]	0.80	〃	110	352	150	
11	[illegible]	0.60	〃	110	264		
12	[illegible]	0.30	〃	100	120		
13	[illegible]	0.15	〃	65	39		
14	[illegible]	3.40	〃	110	1496		
15	[illegible]	0.75	〃	100	300		
16	[illegible]	0.95	〃	110	410		
17	[illegible]	0.85	〃	110	374		
18	[illegible]	0.20	〃	340	274		
19	[illegible]	5.75	〃	50	1150		
20	[illegible]	5.95	〃	60	1428		
21	[illegible]	5.50	1.00	155	852.5	8.0	
22	〃 [illegible]	13.65	0.25	139	7513.4	34.0	
23	〃 UMP	0.05	0.05	44	44	1.0	

图 5-19 1979 年制生产标记产品价值表（王世真提供）

王世真等在国内率先开展了 RII 的研究工作，1984 年，在全国核医学大会首先报告了成功地以 ^{131}I 标记的抗人卵巢癌多克隆抗体进行临床肿瘤定位，迈出了我国放射免疫显像研究的第一步。

此后，在王世真的指导下，他的研究生先后开展了肝癌、结肠癌、肺癌等的放射免疫显像研究。放射免疫显像是一门包括抗体制备、核素选择与标记方法、动物模型试验及先进的临床显像仪器等多学科交叉的科学，需要多专业合作才能完成。自王世真承担“七五”攻关课题 RII 研究以后，北京协和医院及其协作单位在有关协作科室的共同努力下，先后制备了抗卵巢癌、抗 AFP、抗食道癌多抗三种多克隆抗体，以及抗 HCG、抗 CEA、抗大细胞肺癌、抗胰腺癌、抗卵巢癌、抗乳腺癌、抗肝癌、抗食管癌、抗小细胞肺癌蛙皮素及抗鼻咽癌 EBV-DNA 多聚酶等十一种单克隆抗体，并对以上十四种单抗、多抗全部进行过免疫病理研究。前十二种在载瘤裸鼠的分布及定位显像均获得满意结果，其中抗卵巢癌、抗 AFP 多抗及抗 CEA、抗大细胞肺癌、抗肺鳞癌、抗肝癌单抗已进入临床试用。在该课题研究过程中，他们不断引入吸收国际最新进展，追踪国际先进水平，逐步完善自己的技术方法。几年来，王世真领导的研究集体，从多克隆抗体到单克隆抗体，从广谱抗体到特异抗体，从鼠－鼠抗体到人－人抗体，从完整抗体到抗体片段，从 ^{131}I 标记到 ^{99m}Tc 等其他核素标记，从动物实验到临床应用，从扫描到伽马照相，从卵巢癌到肺癌、肝癌等其他癌症，取得了许多有重要意义的进展。其研究的抗体数量之多，临床应用的范围之广，诊断符合率之高，在国内外均不多见。

虽然在放射免疫显象方面做过大量的工作，但王世真自己是这样评价这项工作的：当时大家都认为通过放射免疫显像技术能够检查出早期肿瘤，事实证明，虽然这项工作特别能产生新成果，能写出不少论文，但想要解决早期肿瘤的检测问题却没那么简单，直到现在世界上也没有找到特别有效的方法。

王世真和周前也多次出席有关国际会议，

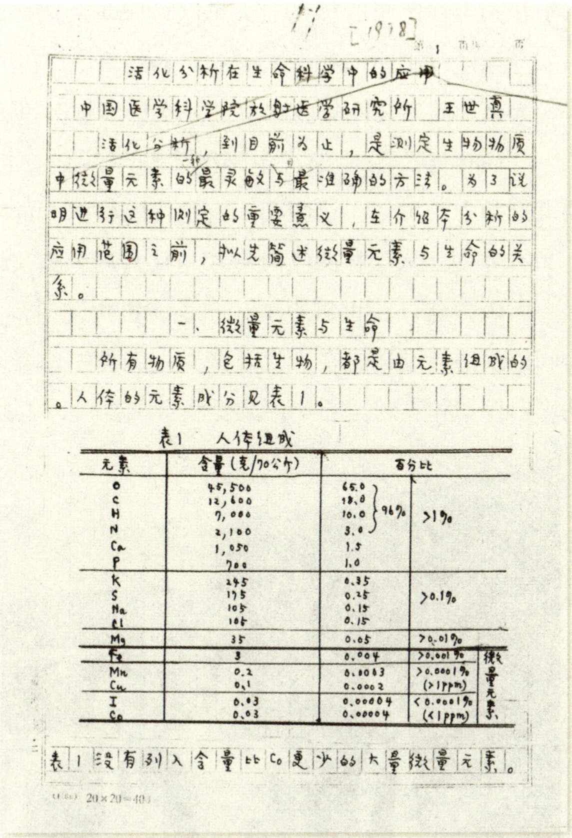
[1978]

活化分析在生命科学中的应用

中国医学科学院放射医学研究所　王世真

活化分析，到目前为止，是测定生物物质中微量元素的最灵敏与最准确的方法。为了说明进行这种测定的重要意义，在介绍本分析的应用范围之前，拟先简述微量元素与生命的关系。

一、微量元素与生命

所有物质，包括生物，都是由元素组成的。人体的元素成分见表1。

表1　人体组成

元素	含量（克/70公斤）	百分比		
O	45,500	65.0 } 96%	>1%	
C	12,600	18.0		
H	7,000	10.0		
N	2,100	3.0		
Ca	1,050	1.5		
P	700	1.0		
K	245	0.35	>0.1%	
S	175	0.25		
Na	105	0.15		
Cl	105	0.15		
Mg	35	0.05	>0.01%	
Fe	3	0.004	>0.001%	微量元素
Mn	0.2	0.0003	>0.0001% (>1ppm)	
Cu	0.1	0.0002		
I	0.03	0.00004	<0.0001% (<1ppm)	
Co	0.03	0.00004		

表1没有列入含量比Co更少的大量微量元素。

20×20=400

图 5–20 《活化分析在生命科学中的应用》手稿（王世真提供）

图 5–21　王世真陪同来访的 Hotter Moniter 的发明者及其夫人登长城（1979 年。王世真提供）

担任国际核医学联盟及亚大地区核医学联盟的领导职务，并与二十多个国家进行过互相访问和学术交流。1982 年，王世真率团参加第五届世界核医学大会。此后每四年我国参加一次世界核医学大会。

1984 年，卫生部在中国医学科学院成立首都核医学中心，并任命王世真为中心主任。该中心一直是中国核医学的唯一国家重点学科点，直到 2002 年复旦大学核医学科室才与其并列为国家级重点学科点。

1985 年，王世真应国际原子能机构邀请，主持专题讨论会；又应国际同位素协会邀请，在大会开幕式上做第一个学术报告，另两个大会报告人来自日本和美国。同年，又受联合国委托，主办了国际放免师资培训班。

图 5-22　王世真应邀访问艾奥瓦大学时与自己曾工作过的实验室的研究生们在一起（1985 年。王世真提供）

1987 年，应邀在国际原子能机构雅加达的会议上报告中国核医学发展规划，并以此为蓝本讨论整个亚太地区的总体规划。

1988 年，在中国科协支持下，王世真和周前主持召开了北京国际核医学大会。来自二十八个国家的许多著名专家出席了这次被美国一个核医学刊物誉为“非常高水平”的国际盛会。次年，以色列代表回请王世真他们考察该国医学中心及做学术报告。此外，王世真、周前还参加了英、德、法、奥、加、俄、日、韩、印、澳等许多国家的学术活动。自 1985 年以来，核医学科与国际原子能机构保持了良好的关系，先后参加了 IAEA 组织的四项亚大地区合作科研项目。1985 年，受 IAEA 委托在北京主办了亚大地区放免师资培训班；1988 年，接受了 IAEA 委托的朝鲜民主主义人民共和国进修生一名；1991 年和 1992 年，主办了第一、二期全国伽马相机和 SPECT 质控培训班，由 IAEA 派专家讲课；1993 年，他们又得到了 IAEA 的援助，建立了“放射性药物研究和培训中心”，并于 1994 年举办了第一期全国放射性药物质控培训班，由挪威放射性药物专家协助授课。到 2002 年，中国在该大会交流的论文数已跃居全球第六位。

图 5-23　在协和医院与法国生命科学院院长等专家商谈协作事宜（时间不详。王世真提供）

图 5-24　第一届两岸辐射医学应用研讨会（1992 年。王世真提供）

1980 年，王世真创办中国核医学学会，并任首届主委，周前任第二届主任委员；同年，参加筹建中国核学会，并相继担任该学会常务理事和荣

图 5-25 《中华核医学杂志》第一次编委会议全体代表合影（1981 年，无锡。王世真提供）

誉理事及中国核医学会理事长。

1981 年，王世真创办《中华核医学杂志》，并任首届总编辑。1985—1994 年，周前任第二届、第三届总编辑。

1986 年 8 月，周前主持了第一届中美核医学座谈会。会上，王世真、周前被美方授予“核医学优异成就”奖牌。

1993 年 12 月，周前、王世真主持了“第四十九届香山科学会议”，有美、加、英、德、瑞典等国的十位专家作了特邀报告。

在医疗工作中，核医学科于 1983 年引进了全国第一台单光子发射断层仪（SPECT），首先在国内开展了心肌断层显像，现在几乎所有的脏器和组织都可以进行显像，所用显像剂（如肾功能系列显像剂、心肌灌注系列显像剂等）很多都是本科自行研制和供应的，不仅为医院节省了开支、培养了人才，还保证质量，促进提高了诊断水平。1993 年，他们贷款购置了第二台 SPECT，不但赶上了国际上 SPECT 应用的水平，而且两年就还清了贷款。

从 1984 年至 1991 年，核医学科曾连续八年被评为文明单位和先进集体。1986 年，卫生部直属单位文明医院检查中，核医学科荣获核医学科单项第一名。

1978年，国家恢复了招收研究生制度。1981年，核医学科就被国家教委批准为第一个核医学博士学位授权单位及第一个核医学博士生导师。1986年，批准了国内第一个临床核医学博士生导师。1989年，核医学科又被批准为全国核医学唯一的“重点学科点”。1992年，被批准为首批“临床博士后流动站”，并招收了协和医院第一名博士后研究人员。十八年来，在招收名额受到限制的情况下，他们已培养了博士研究生十七名（已获博士学位十三人，一人特批），硕士研究生二十八名（已获学位二十三人），其中不少人已成为国内兄弟单位核医学科的负责人，有的已是博士生导师。

核医学科研究生的论文有不少是开创性的研究或属于国内首先开拓的新领域，如1984年在第二届全国核医学学术交流会上，他们的一个博士首先报告了国内放射免疫显像的临床应用。这些研究生的论文曾多次获奖，如：1991年全国首届青年优秀核医学论文奖的九名获奖者中，他们的学生占了三名（第二、三、六名）；协和医院全院论文评比1991年至1994年连续三年第一名都属核医学科的研究生。

1977年至1996年，他们的科研成果曾十六次获部级及医科院级科研成果奖。在国内外杂志发表论文三百余篇，主编和编写了专著十九本。

1986年，王世真在江苏省原子医学研究所及很多单位的大力支持和协助下，主编了《英汉核医学词汇》一书，全书共收词两万余条。书后还列了几种常用附录。参加审校和定稿的专家有周前、朱承谟、赵惠杨、夏宗勤、刘鼎新、唐谨、刘秀杰、夏振民、蒋茂松、马寄晓、周以国、韦钰、江一民、蒋慧权、李俊影、常国钧、马玉琪等。不久，香港出现了此书的盗版；后经法律程序，原子能出版社最终获得了一笔赔偿金。

在这本书的基础上，于1995年出版了由朱国泓、林汉主编，王世真、周前主审的《汉英核医学词汇》；卢正福、郑钧正编，王世真主审的《简明核医学辞典》；杨永青、邵鹤生编，王世真主审的《英汉标汇免疫分析词汇》等。这几本书的出版给国内外科学工作者，带来了很大的便利。

王世真还主办了两岸辐射医学应用研讨会，后与周前三访台湾，为两岸学术界的友谊和经验交流架起了一座桥梁。

《大家》栏目在采访王世真时，也采访了周前，请她谈谈王世真。周前想了想，说："王世真他什么都不会干。"编导笑了："不是您搞临床，王世真搞基础理论吗？你们应该是优势互补，珠联璧合。"编导说的是实情，如果说在临床上周前的工作是打炮，那么王世真做的标记化合物、放射性药物就是周前搞临床所需要的炮弹。周前听了编导的话也笑了："对，对，对。"

王世真谈起周前，语气中总是充满爱与尊重，也许还有些许无奈。王世真几次说起他这一生对他帮助最大的有两个人，一个是袁翰青，一个就是周前。

"周前没有亲人，跟我结婚时还是孑然一身，而我不同，虽说黄大夫去世了，但我毕竟儿孙满堂，有很多亲人。婚后，周前把所有的感情都给了我，我对她怎么好都是应该的。"①谈到他跟周前的关系时，王世真很动情。笔者在采访王世真的后期，周前也因病住院，跟王世真的病房在同一个楼。他们俩的关系还真奇特，谁也离不开谁，又吵得一塌糊涂。王世真生病治疗的关键时刻，周前一定要过问；而王世真知道周前每日都要看《参考消息》，怕当面让护工送过去给她遭到拒绝，就让护工把报纸从周前病房门缝里塞进去。无论如何，王世真说她想起周前，首先能忆起的就是两人这些年在一起点点滴滴的美好记忆！不明白周前为何偏认为两人在一起时痛苦更多。②

周前是个干事业的人，头脑相当聪明，说话语速极快，一般人不是她的对手。她极能干，家务事样样精通，在物质尚艰难的时候，她甚至亲手曾将王世真的一套西服拆旧翻新，一般人根本看不出来。虽能干，但除了养花之外，她的心思却很少放在家务上。王世真自己作为一个事业心极强的科学家，当然能理解这一点。通常，只要有营养的东西，王世真很自然地就觉得这个东西好吃。比起豆浆加油条的中式早餐，他觉得可可、面包、牛奶加白糖的西式早餐更有营养，因此他早餐一直吃西式的。跟周前结婚后，又听了周前的建议，用蜂蜜代替了白糖。

---

① 王世真访谈，2011年11月28日，北京。资料存于采集工程数据库。

② 同①。

但生活中除了蜜糖，还有别的。

核医学科的发展是艰辛而曲折的。周前总觉得作为“重点学科点”以来，他们没能像国内外其他重点学科那样得到足够的关心和重视，一方面，作为一个资历很老的老专家，对有些人事安排不满意，心中难免生出不平不满；另一方面，她对于核医学科的前途和发展忧心忡忡，在她的心目中，这个科就跟她的孩子一样，她心里除了不放心还是不放心。她本来就是个敢说敢冲、无所畏惧的斗士，加上年龄一大，性情也会固执些，在处理与协和医院的关系上，方法简单，态度也很激烈。几次争斗下来，局面就陷入僵持中。坦白地说，王世真并不赞同周前处理问题的方式，他说人应该善待自己，对事不妥协，对人可以妥协。周前吃亏就吃在不懂得善待自己。

在王世真和周前还没有住院以前，有一次，笔者去采访王世真时走到他们的办公楼下，王世真的秘书打电话通知笔者说周前在办公室，让我们等一会再上去。大家都知道周前最讨厌采访之类的，她是个实干家，觉得时间都应该用在干实事上。据说有一次一家电视台正在采访王世真被周前碰见了，她愣是把记者赶走了。当我们坐在医院走廊的长椅子上等待时，看见周前穿着白大褂神情严肃地缓缓穿过长廊。已经高龄的她，脊梁笔直，脑袋很大，背影显得既倔强、又孤独。望着她远去的身影，对于这个将一生奉献给了中国核医学的了不起的女人，我们心里充满了深深的敬意。

学术带头人

作为核医学的学科带头人，从六十年代开始，几乎每隔十年，王世真都要写一篇综述性的文章，总结国内核医学的发展概况，介绍国外核医学技术的最新动向，给我国核医学的发展提出指导性建议。

1965 年，王世真在《原子能》第十期发表了题为《放射性同位素及辐射应用——国外医学中应用放射性同位素的新进展》的综述性文章①。文中总结了当时国际上放射性同位素应用的情况，并参考伯耳切尔的综合性报告及引用近几年有代表性的一些国外文献，概括地讨论了国外在医学中应用放射性同位素的近况，着重讨论了同位素在临床应用方面的情况。

首先介绍了新同位素：经常供应的放射性同位素目前约有一百三十种，可供医学工作者选用的同位素显然比几年前增加了。对于放射性诊断试剂，应当用最小的剂量来获得最有效的结果，以避免产生任何不必要的药理或毒理效应。根据这个原则，比较理想的同位素最好能具备下列条件：①衰变较快，即物理半衰期较短；②排出较快，即生物半衰期较短；③不发射 β 粒子，或只发射低能量的 β 粒子，因为在诊断试验中常用闪烁探头从体外测量，β 射线只会增加辐射剂量，而不会提供任何数据。近年来新入选的医用同位素绝大部分是短半衰期的同位素或低能量的同位素。然后又介绍了新仪器，包括：闪烁照相机、彩色扫描装置、全身计数器和固体及半导体体内剂量仪。

对于当时的核医学新技术，也逐一做了介绍。一切同位素工作都首先要求得到标记物质，其次要对标记物质进行测量，才能获得实验结果。因此，他在文章中着重讨论了一些标记技术及测量技术：氚标记、蛋白质的标记、软 β 射线的测量、活化分析。

对于医学工作者来说，因标记技术的改进而受益最多的是能够获得高比放射性的示踪物，特别是氚的标记物与含 ^{131}I 的标记物。像雌性激素的代谢研究，只有用高比放射性的含氚代谢物来代替 ^{14}C 标记物之后才能出现有生理意义的研究成果。像血内胰岛素的浓度测定，也是在有了高比放射性的 ^{131}I- 胰岛素的条件下大大地提高了方法的灵敏度及应用价值。

同时，文中对于当时诊断方法的进展和治疗方法的进展等内容也有涉猎。

“文化大革命”是从学术文化界和知识分子开刀的，科教领域则是损失最惨重、恢复最困难的“重灾区”。“四人帮”虽已粉碎，但整个国民经

① 本小节内容由笔者根据王世真发表于《原子能》第十期，1965 年的综述性文章《放射性同位素及辐射应用——国外医学中应用放射性同位素的新进展》总结而成。

济到了崩溃的边缘，国运茫茫，中国面临着走向何方的问题。科学大会的召开，如春风送暖，激发了中青年科学家的报国情怀，也搏动了暮年科学家老骥伏枥的不已壮心。随着知识分子政策的落实，大批的知识分子满怀热情地投入科研活动，都有一种要将失去的十年时间夺回来的决心。

王世真的心情也同他们一样，1979年，他写下了《核技术与现代化》，这篇文章其实更多像一篇科普文章，他在这篇文章中重申了核医学的一些基本概念、核医学的主要作用，以及核医学的发展对于现代医学的重要性。

核技术在医学中起着重要的作用。核技术和医学相结合，产生了一门新兴学科，叫作原子核医学，简称为原子医学，或核医学。原子医学就是研究同位素和核射线在医学上的应用及其理论的科学。核射线可以来自同位素，也可以由加速器产生。因此，原子医学也就是研究同位素和加速器在医学上的应用及其理论的科学。

原子医学是原子能利用的一个重要组成部分，也是现代医学的重要内容。全世界生产的同位素总量中，用于医学者占80%—90%；医用加速器的数目大约也达到全世界加速器总数的一半。

其实，中国核医学的起步并不晚，但经过了“文化大革命”，中国的核医学似乎又要从普及基本概念开始，令人不禁感慨万千。王世真这篇文章的主要内容，读者可以同上面提到的他于1965年写的那篇“放射性同位素及辐射应用——国外医学中应用放射性同位素的新进展”的综述性文章对照着看，就可以看出来这篇文章内容其实非常浅显。这时的王世真仍然在思考我国核医学如何能尽快发展的问题。

统一规划、加强领导，是今后原子医学迅速发展的关键。实践证明，什么时期、什么地区或单位的领导重视原子医学工作，原子医学工作在那个时期、那个地区或单位的进展就快，成绩就大。反之，什么时期、什么单位的领导忽视这项工作，原子医学的发展就一定受到挫折。当前，全国原子医学学会即将成立。我们相信，组织的保证将进一步调动全国原子医学工作者的积极性，“同位素和射线等核技术的研究和应用”（包括原子医学在内）已列入国家规划的重点科研项目。在各级领导的重视下和各地原子医学工作者共同努力下，我国原子医学的前景是十分光明的。

美、英、法、日等国及联合国，都设有庞大的原子能中心机构及原子医学重点基地。随着现代技术的进展，医学越来越依赖于其他专业，而且许多近代医学成果实际上是多种专业综合努力的产物。这一特征在原子医学尤其突出。原子医学之所以发展异常迅速，正因为它集中了核物理、电子学、化学、生物学、工程、基础医学和临床医学最新成就的结果。反过来，原子医学技术的发展，又为生物医学研究和临床医学的大步前进提供了有力的手段和可能。充分利用同位素，医学科学研究才能进展，临床诊断与治疗才能达到先进水平。毫无疑问，原子医学的发展，是医学现代化的重要标志。

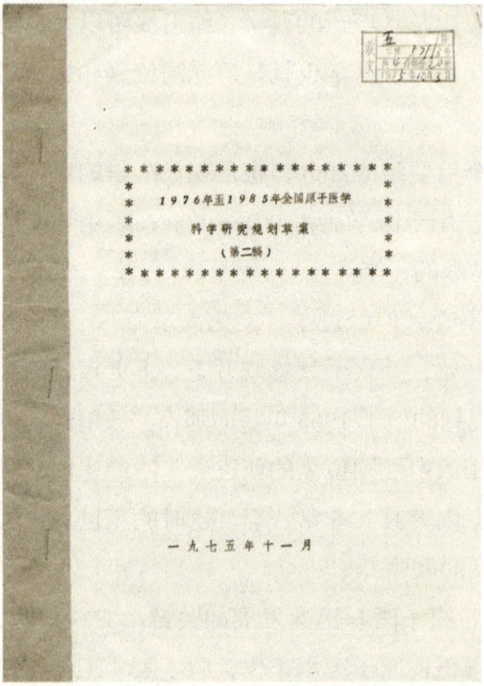
1976年至1985年全国原子医学
科学研究规划草案
（第二稿）
一九七五年十一月

图 5-26　1976 年至 1985 年全国原子医学科学研究规划草案封面（第二稿。王世真提供）

从 1979 年算起，又过了近十年的时间。在这十年当中，我国核医学发展很快。1980 年，全国核医学会成立。1981 年，创办《中华核医学杂志》。

1985 年，在中国医学科学院内成立首都核医学中心，下设临床核医学部、核肿瘤学部、核心脏病学部、实验核医学部和标记部五个研究部门，有教授级研究人员二十多名。

1986 年，在江苏省原子医学所内成立国家核医学实验室，下设临床、研究、信息三个部门。它是国内唯一的开放性核医学研究室，王世真任学术委员会主任。1987 年起，向全国招标。

另一具有相当规模的基地是上海医科大学核医学研究所，由中山医院、华山医院、肿瘤医院和药学系所属四个核医学研究室组成。

上述三个重点研究基地都完成不少较高水平的研究课题，并通过培养研究生、举办专题培训班等方式推动我国核医学的发展。

另外，中国已经有了一台 PET 实验装置。γ 相机逐步替代了扫描机。国外常规应用的核素显像、脏器功能检查及核素治疗，绝大部分均已在我国推广应用。放射免疫分析及其他体外放射分析对我国卫生保健事业做出了巨大贡献。放射性及稳定同位素广泛应用于生物医学研究，并取得丰硕成果。

在 1987 年，王世真还跟周前合写了一篇《核医学新进展》，介绍了国内外核医学动态：①

> 随着单克隆抗体的研制成功，放射免疫显像已大量用于肿瘤的诊断、心肌梗死的定位及血栓的检测。放射性标记抗体作为肿瘤导向治疗试剂的研究正在进行中。近三年来我国也开始用各种抗体于卵巢癌、内胚窦瘤、结肠癌及肝癌的显象。
>
> 正电子发射断层技术，是生命科学的一项重大突破，让我们第一次有可能将入的行为与脑化学联系起来，在分子水平上了解人脑的功能与活动，同时在心脏及肿瘤等的显象上也做出了重大贡献，使核医学在非创伤的显象技术上经历着一次革命。我国已初步建成两种正电子发射断层实验装置，但其临床实际应用还是急待填补的空白。
>
> 当前最引人注目的新放射性药物是 Tc99m 标记的脑显象剂（HMPAO）及心肌显象剂（CPI）。1985 年起我国在新显象剂的研制及单光子发射断层的临床应用上，取得明显的进展，其中一部分正在赶上国际水平。

1988 年，王世真又写了一篇《我国核医学的现状与展望》的文章。他在文章中总结了八十年代我国核医学取得的成就和进步，回顾了这十年当中中国核医学在奋力追赶世界核医学的进城中所取得的成绩。

但他认为还有一些因素制约了我国核医学的发展：

---

① 王世真、周前:《核医学新进展》。中国医学科学院首都核医学中心内部资料，2009 年。

①国内生产 γ 相机的力量极弱；②放射性药物生产条件不差，但质、量及供应时间得不到保证；③核医学教育尚待完善，队伍水平偏低，技术人员后继乏人。归根结底，我国对核医学重视不够。即使在医学界，认识核医学在现代医学中的重要性，并为其发展创造条件的人也是不多的。这很值得人们的深思。①

他认为在改革开放的大好形势下，核医学事业也应采取一些大胆的、切实的改革。为此他设想：

①核医学试剂生产应企业化，可通过几个厂家既协作又竞争，争取在短期内把产品的质量提高一大步，并保证用户的使用时间。每个厂家应设研究部，争取将产品打入国际市场。②核工业在发展核医学仪器方面应确定以开发 γ 相机为重点，争取配备到县级医院。在京、沪等地建立国内外仪器维修中心及开发中心，大力研制配套的计算机系统及临床需要的各种软件。③加强核医学队伍的建设。可办研究生班，以应急需。另设奖学金，为优秀青年脱颖而出创造条件。提倡在有能力的医学院校举办多层次的专业人员培训班，包括技术员专修班。重点基地及学会都抓紧现有队伍的继续教育。④在京、沪、川及其他有条件的地方充实核医学中心基地，配备多学科组成的队伍及必要的先进设备。尽快填补 PET 的临床应用这个空白。⑤扩大人才和技术的国际交流，以利于相互启迪、加速我国核医学的发展。②

PET（Positron Emission Tomography，分子核医学正电子发射断层显像）是现代影像医学的尖端技术，也是二十世纪末生命科学的一项重大突破。PET 是用碳、氧、氮、氟等短寿命核素标记在人体所需营养物质（如葡萄糖、氨基酸、水等）或药物上，从体外无损伤地、定量地、动态地观察这些物质进入人体后的生理、生化变化，从分子水平洞察代谢物或药物

① 王世真:《我国核医学的现状和展望》。《核技术》，1988 年第 10 期，第 9-17 页。

② 同①。

在正常人或病人体内的活动，产生的影像被称为“活体生化显像”，在显示正常或异常功能方面，具有其他影像手段所无法替代的优越性。它的应用使核医学迈入“分子核医学”的新纪元，大大提高医学服务病人、造福人类的作用。

在临床应用上，PET 已成为诊断和指导治疗肿瘤、冠心病和脑部疾病这三大威胁人类生命疾病的最优手段。它可用来早期发现肿瘤、冠心病，鉴别神经—精神病，揭示治疗方案，监测疗效及提供预后信息。例如，在心血管病诊治中，PET 通过确认心肌存活组织的血流和代谢，为医师做冠脉搭桥、冠脉成形术或心脏移植等的选择提供可靠依据。在肿瘤诊治中，PET 对各种肿瘤的早期诊断、分期、有无转移、是否复发、辨别良恶性及评价疗效均有独到功能。在神经—精神病诊治中，PET 能定位癫痫灶，为手术成功切除创造条件；又能鉴别诊断老年痴呆，包括抑郁症、帕金森病、阿尔茨海默病、多发性脑梗死等；还可研究各种药物对精神病的治疗作用。PET 的高灵敏度和高特异性，是其他影象技术所无法比拟的。在全球及我国人口老龄化的今天，PET 尤其有着广泛前景。PET 无疑已成为医学现代化的重要标志之一。

在科学研究上，PET 是一种灵敏的工具。它已能将人类视、听等功能活动在脑皮层上定位，从而揭开大脑行为、思维等奥秘。今后寻找新药，对中医药作用原理的研究，发掘中草药宝可不必依靠动物模型，而能用 PET 直接进行人体实验观察，既可探讨中药有效成分及其类似物的代谢及活性，又可用于研究复方制剂。预计在针灸、经络本质研究上，PET 也将显示独特的优势。

1996 年，王世真联合了十几位院士①，提交了一份“关于在我国筹建 PET 中心”的建议书。

全世界已拥有一百多个 PET 中心（美国六十五个，日本二十四个），中国台湾地区于 1992 年用一千二百万美元建成一个 PET 中心。参加中国

---

① 建议人：王世真、王志均、冯新德、孙曼霁、沈元、肖伦、吴旻、吴英恺、吴征恺、吴建屏、陈佳洱、陈冠荣、周廷冲、周同惠、秦馨菱、梁晓天、强伯勤、谢家麟、鞠躬十九位中国科学院院士。

第四十九次香山科学会议的中外专家一致呼吁，为了提高中国医学诊治及科学研究水平，必须立即筹建我国的 PET 中心。

PET 中心由显像装置、小型回旋加速器和自动化放射性药物合成与分析系统组成（由于使用的是半衰期只有若干分钟的核素，此三个组成部分必须设在一处），至少需要三百万美元设备费。它需要多学科、多专业的配合，对专业人员的要求高，必须设在临床学科齐全的综合性医院内。国内一时不可能建立很多 PET 中心。

王世真等院士建议：①

> 鉴于正电子发射断层显像可从体外无损伤地、定量地、动态地在分子水平观察代谢物质或药物等在人体内的活动及变化，在显示正常或异常功能方面，具有其他影像学手段所无法替代的优越性。它是诊断心、脑疾病及肿瘤的极灵敏的工具，也有可能成为研究中医药学及寻找有效新药的优异手段，尽早引进一套先进成套设备，集中多学科专业人才，迅速开展工作，以提高我国医疗及科研水平。为了迅速赶上国际先进水平，建议先引进国外已成熟的先进成套设备，并将国外已成熟的临床诊断技术先用于攻克冠心病、脑病及肿瘤三大难题。

正是因为王世真等院士的建议，我国在北京协和医院建立了首个 PET 中心。

分子核医学是分子生物学和核医学的最新成就发展形成的一门崭新学科。2001 年，王世真主编的《分子核医学》出版，2004 年再版。该书是由我国七位院士，以及本领域专家教授共四十多人撰写。全书共二十六章约九十万字，系统阐述了分子核医学的基本理论，核素与非核素标记化合物，核素显像剂，核医学仪器，超微量分析，放射自显影，核医学中的回旋加速器，分子核医学在基础医学研究、中西药物研究及开发、疾病的诊断及治疗等领域的应用情况及发展前景，并设计了二十一个核医学实验。

① 《中国科学院院士建议》第 7 期（总第 18 期），1996 年 6 月 26 日。中国科学院学部联合办公室编内部刊物。

陈智周评价说：①

> 本书涵盖了本学科及重要相关学科的最新发展，如标记物制备，现代医学仪器，加速器，计算机网络；受体，生物导弹，老年病，核医学，中草药，针灸等祖国医学，以及我国在这些领域中的卓越成就。其论断有很高的权威性，对我国生命科学的发展有深刻的启示和战略指导意义。

2004 年 1 月，王世真联合了十几个两院院士提出了"关于筹建国家级药物创新研究的分子核医学技术平台的建议"。②

建议报告指出，创新药物研制是国家医药科技发展的重中之重。以前我国药物开发以仿制为主，每年进口药品需花费十几亿美元。加入 WTO 后，对新药创制的迫切性和严峻性已取得共识。

核技术是研制创新药物必不可少的手段之一，很多新药都用同位素标记，以确定其在体内的转移、转变、疗效、作用机制及毒副作用等。近年来，分子生物学的诞生，为生命科学注入了空前的活力。它与核医学结合发展起来的分子核医学，拥有双亲的优势，为新药的研制及开发开辟了新的空间。

在阐述了核技术在新药筛选、药效学药物、药物代谢动力学、药物作用机制和药物分析等的研究中的作用以及国内外相关动态之后，他提出的具体建议如下：③

分子核医学平台规划

> 新药研究需要回答两个关键问题：一是新药作用的靶点是什么？

① 见"王世真学术成长资料"。资料存于采集工程数据库。

② 参与该项建议的有中国科学院院士王世真、孙曼雾、张滂、陈可冀、周同惠、强伯勤、韩启德、韩济生，中国工程院院士刘耕陶、秦伯益、甄永苏。

③《中国科学院院士建议》第 10 期（总第 104 期），2003 年 7 月 11 日。中国科学院学部联合办公室编内部资料。

药理作用如何？一是新药在体内的代谢命运如何？分子核医学方法在这方面有着巨大的应用前景。国际上研究创新药物正朝着两大方向发展：PET-SPECT 和分子核医学。

1. PET-SPECT 平台

药物研究是投资高、风险大、周期长的事业。国际上对一个“一类新药”开发成功的耗资是 1 亿—2 亿美元，需时 10 年，命中率万分之一。人体试用如果出现不利情况而不得不淘汰某一候选药物时，将造成极大的财力、人力和时一间上的损失。

PET 这一高新技术将有助于解决上述难题。正电子核素可以动态、连续、无创伤地观察药物在体内的吸收、分布、排泄、代谢、靶器官浓集、生理及生化反应、药效和毒性作用等一系列事件，及时发现问题，这是常规技术难以做到的。

中医药是我国医药学的伟大宝库。PET 可以观察复方或单味药对机体特定区域、特定功能和特定靶分子的作用，为中药研究提供一个活体动态的检测手段。除了药物以外，毒物的研究也是当前必须认真对待的一个课题。要打赢未来高技术条件下的现代化战争及对付和平时期的突发事件，化学战剂和化工产品中毒的作用机制（特别是脑及内脏损害）亟待研究。PET 作为一种活体非侵入性功能成像技术，将会发挥其独特作用。

2. 分子核医学平台

广义来说，受体、抗体、多肽、放射性药物等都是分子核医学的重要研究对象。标记、仪器、计算机、防护、超微量分析、放射自显影、PET 等都是分子核医学所需要的技术手段和研究创新药物必不可少的工具。狭义地说，分子核医学是研究用核素标记的代谢物、营养成分、药物、毒物等生物活性分子疾病中的表型生化改变与其相关的基因型的联系，精细探测代谢及基因的异常。

分子核医学，乃至医学，20 年后究竟是什么样？很难预测。但 10 年内，从基因组学、蛋白质组学、代谢组学、虚拟技术引发的分子示踪新技术，肯定会迅速发展，并引起一场医学的革命。可以说，当前是核医学即将突飞猛进的关键时期。分子核医学平台的建立，将加速创新药物研究的步伐。

3. 具体措施

（1）建立一个跨部门、多专业的平台，相当于国家级开放实验室，面向全国。

（2）筹建的原则是：用最少的钱，最快的速度上马；从小到大，从试点到扩充，争取在一年之内取得社会效益及经济效益；瞄准世界科技前沿与我国最迫切需要解决的问题，开始一些基础研究，为研究创新药物有关的新理论、新方法、新技术创造条件；创建初期，队伍要少而精，可引进兼职人员，甚至于短期兼职人员。在中心取得一些成绩之后，争取与英国 MRC（Medical Research Council）Cyclotron Unit、美国 UCLA 加州大学洛杉矶分校等世界一流 PET 中心商谈协作，争取联合攻关。

（3）建设平台的关键是人才问题，多渠道遴选平台所需的人才：扩大与本平台有关的博士点和博士后流动站的招生计划，包括免试选收重点大学优秀毕业生；派送已在本平台扎实工作、表现良好的研究人员，带任务到世界一流实验室进行中短期培训，并形成经常化的制度。鼓励年轻人参加国际会议，报告论文；引进类似于“长江学者”特聘教授的国内外优秀人才前来本平台工作；可请国外具有丰富经验及良好作风的华裔专家前来短期指导工作，并请他们介绍在国外某一领域有突出成就的中青年专家回国，充实我们的队伍；除少数专职业务干部外，尽可能聘请兼职专家，并在该单位领导的同意和支持下，利用他们的实验室全力协作，实现互助双赢。

2009 年，发着烧的王世真在病床上用英文写了《加强发展中国核医学的建议》一文。在撰写过程中，还得到孙婷和穆龙龙两位研究生的热情帮助。后来，他的学生卢正福教授将其译成中文。

鉴于中国的核医学发展史并不为国外广为了解，王世真又一次在文中总结了中国核医学的发展现状。

图5-27 王世真参加小型正电子断层扫描仪研制项目验收会时的留影（2006年。王世真提供）

接下来，王世真在文中概述了核医学在生命科学和卫生保健中的作用后，认为核医学未来的发展仍然存在许多有待克服的障碍：[①]

第一个障碍是，医学界对核医学的重要性知之甚少。第二个主要障碍是，缺乏重点在"质量"而不是"数量"的驱动力。当然，我们也避免不了在所有发展中国家经常遇到的科研经费短缺、高素质人才外流的问题。此外，还有许多急待解决的问题。在思想观念的转变上严重滞后，安于仿效别人而忽视原始创新，只强调个人突破而忽视整体水平的提升，急功近利，忙于发表论文，而不考虑长远的实际贡献。个别论文的结果不一定可靠，有的研究工作或临床业务的设计还需要改正。中国仍是一个发展中国家，不可能一夜之间就把所有问题都解决。我们只能集中在一些主要问题上，以求实现一些有限的，但

① 王世真、卢正福:《加强发展中国核医学的建议》。《基础医学与临床》，2009年第29卷第10期，第1009-1016页。

可达到的目标。

王世真认为解决上述问题可采用以下措施：[①]

1. 加强培训体制

1.1. 继续教育：为了制订经济有效的培训计划，最好的办法是在北京、上海、广州和成都组建培训中心，这些城市有组织良好的医院，核医学专家相对集中。

1.2. 继续参加国际原子能机构（IAEA）的活动。

1.3. 选派一批年轻学者和医生到国外学习。

1.4. 引进国际人才。

2. 寻找新的放射性药物核医学发展的关键是要有合适的同位素示踪剂或生物标志物

3. 解决设备问题

在中国许多小城市医院，没有专门的设施和足够的人力资源来提升高技术核医学设备，特别是 PET 或 PET/CT 的应用。

4. 改进临床实践质量

5. 建立创新药物发现及开发的分子核医学平台创新药物的开发是实现中国医药研究任务的头等大事

6. 提高公众对核医学重要性的认识

在文章的最后，王世真又一次强调：核医学是促进健康、挽救生命所必不可少的。我们急需对医学界、公众和政策制定者进行教育。

① 鉴于篇幅，笔者对具体内容进行了简化，只列了王世真原文中的相关标题。

第六章
与青年朋友们谈心

王世真的遗憾

王世真未能实现成为一名制药专家的理想，却终生无悔地为中国核医学事业奉献了一切。用自己的学识报效祖国是他一生从未改变的信念。就在几年前，他在写给青年朋友的一封信中深情地说："如果有人问'你现在最希望实现的目标是什么？'我会毫不迟疑地回答，我最最希望在五六年内培养出一批德才兼备的青年科学家。"

在他的一篇文章中，他流露了今生最感遗憾的事情：①

我自己本来是进行甲状腺激素的示踪研究的。从 1946 年到 1987 年，我曾断断续续地探讨过甲状腺激素及一系列有关代谢物的标记，多种甲状腺素类似物的合成及活性研究，该激素的生物合成及影响因

① 王世真：《我对科学家应具备的素质的思考：并和青年朋友们谈谈心》。《中华核医学杂志》，1996 年第 16 卷第 3 期，第 143-147 页。

素，该激素时脂质、蛋白质、核酸代谢的影响，药物对激素代谢的影响，该激素对酶的作用，该激素对组织功能的影响，该激素对微生物代谢的作用，以及激素间相互作用等。这些工作是比较系统地进行着，不时也得到新的发现，出现过不少有意义的苗头，可惜由于不是我个人所能左右的原因，工作不断受到种种干扰，打打停停，停停打打，最后竟全部中断！简单地说，有深入的愿望，却没有深入到底的可能性，因而也不可能取得任何重大的突破。这是我深感遗憾的一件事。

科技工作者应该具备的素质

王世真认为科技工作者应该具备以下的素质：①

1. 淡泊名利、潜心钻研、献身科学的思想境界

真心实意追求真理的学者或学生，往往具有一种不为名不为利，注意力高度集中，甚至废寝忘食的思想境界。为了追求真理，为了实现自己的理想，许多“科学迷”好像都有一股“傻劲”，甚至不惜付出一切代价。在学术路上，我碰过许多钉子，遇到无数的失败。如果问我有什么经验教训的话，我认为做什么都要花大力气。

2. 严谨的科学作风和实事求是的科学态度

我们科学界最需要严谨的科学作风和实事求是的科学态度。近来，社会上有人为了金钱不惜出卖人格和灵魂，科学界也出现了抄袭剽窃、弄虚作假、以权谋私等不正当的行为。这股歪风危害极大，腐蚀我们的队伍，破坏我们的事业，哪怕只是少数现象也不能忽视。我主张，为了维护科学尊严，我们应当旗帜鲜明地与一切不正之风作坚

① 王世真:《科技工作者应具备的素质》。《医学与哲学》，2000 年第 21 卷第 2 期，第 25–27 页。

决的斗争。

3. 勇于攻坚，勇于创新的意识

现在尽管经济发展很快，条件有了改善，但与发达国家相比还很穷。但是越是困难，越要拼命干，国家要富强，需要我们去努力拼搏，现代化的硬件条件固然是有利的，但是艰苦奋斗，艰苦创业的精神也许更重要。我还想强调，要攀登高峰，主要必须靠自己，靠外国人是不行的。

4. 健全的身体和心理素质

干事业除了需要健全的身体外，心理卫生是极其重要的。精神因素甚至比营养、锻炼、休假等更起决定的作用。

笔者问王世真一个人靠什么在逆境中调控心态，保持乐观。他想了想说："阅历。你们年轻人也许没有体会，我经过抗战期间妻离子散，差点家破人亡的经历，以后遇到再大的困难，也能克服。"

王世真也强调机遇的重要性。他说："做任何事情，勤奋、才华、机遇三者缺一不可，但更重要的是机遇。假使你很有才华，也勤奋，但你若生在动乱国家，被炮弹炸死了，那不就什么也做不成了吗？相比他们，在北京工作的我们是多么的幸福！所以说机遇最重要。"

对青年朋友们的期望

晚年，王世真健康、精力已大不如前，他自己也清楚地意识到这一点。他说人在世上活要活得有意义，人生的最后旅程应安宁平和地走完。他认为高龄老人在自愿的原则下，可以预立"选择安宁缓和医疗意愿书"。在意愿书中说清，立意愿人若罹患严重伤病，经两个或两个以上经验丰富的医生确证认为不可治愈，而且病程进展至死亡已属不可避免时，不施行心肺复苏术（包括气管内插管、体外心脏按压、急救药物注射、心脏按压或电击、心脏人工调频、人工呼吸或其他救治行为）。[①]

像一切的老人一样，现在的他将满腔的期待寄托在年轻人身上，只想把自己的经验赶快传给年轻的一代。于是在不同的场合都能听见他对我国科研工作中存在的弊端进行分析；总结自己从事科研工作的经验，并根据自己在选题和研究方面的经验，对年轻人提出了三点期望：[②]

1. 要狠抓战略性课题

在当今要瞄准世界科学前沿和我国最迫切需要解决的战略性课题，突出重点，联合攻关。原则是：

（1）用最少的钱，以尽快的速度上马。

（2）从小到大，与时俱进。

（3）队伍要少而精，精选中青年技术骨干。

（4）集中多“兵种”、多部门联合作战。与在某一方面有特长的实验室签订互惠协议，造成多赢的合作环境，共攻难关，以求早日赶超国外相应实验室的水平。

2. 要争速度，提高效率

我曾在美国一个医学院的放射性研究所工作过，也在该院的药理系当过兼职研究人员。美国大学的各个学系、研究所以及所有高职称的教授都有专职秘书；其他西方国家的学校也一样。建国初期的北京协和医学院基本也是如此。秘书们都经过专门训练，非常能干，完全能够愉快、照章地处理好一切日常事务，如订货采购、联系工作、接待来宾、收发文件等。即使要做较为重要的决定，主任点头就可以了；不用整天没完没了地报表、开会、跑腿。这样，科学家可以毫无牵挂、全身心地投入自己所钻研的科研课题中去。

当今，国际竞争非常激烈。科技发展日新月异。落后就要挨打。我们能不居安思危吗？卫生事业不仅要满足防病治病的需要，还必须具有对付突发公共卫生事件的应急能力，这更要求我们用战略性的眼

① 王世真访谈，2010 年 11 月 23 日，北京。资料存于采集工程数据库。

② 根据王世真《对青年朋友的期望》（见《中国医院》，2003 年第 7 卷第 11 期）一文整理。

光认真对待，迅速加强行动。过去，在抗日战争极为困难的条件下，我国许多学者也能做出出色的成果，还培养出不少顶尖的人才。如今，我们的留学生，在国外往往都会取得优异的科研成果。这固然与物质条件的差异有关，但体制、学风及指导思想恐怕是更主要的因素。这是值得我们深思的。不知从什么时候开始，我们的每个学校都逐步膨胀，五脏俱全。衙门大，机构臃肿，效率低下。医生、教师、实验室骨干不论做什么，无不遇到说不尽的困难。买试剂难，修工具难，协调工作难，凡事都要层层打报告，一等几个月，最终很可能不了了之。这种低效率，造成科技成果难出、科教人才难留。应当摒弃了！

美国大学的功课没有我国高校那么重，对学生的压力一般不大。可是，一旦进入研究院，美国学生无不争分夺秒地拼搏，日夜奋战于基础或临床实验室。相形之下，我们有些青年朋友抓得就不那么紧了，从而没有得到应有的效果，这实质上是直接影响国家和个人的前途。我期望这种状况能有所改变。

3. 要为最大多数人谋利益①

① 以下无内容，原文如此。

结 语
天赋异禀的名门之后

王世真的学生江骥说王世真最大的特点是善于把握学科前沿，有极强的信息综合能力。我们在研究了王世真的资料后，也持同样的看法。使我们印象深刻的还有王先生惊人的意志力和顽强的生命力。回顾王世真的一生，他因未能实现成为制药专家的理想而深感遗憾，但在我们看来，他合成的DDT、扑疟母星和雷米封却大大造福了中国人，虽然他因为这些药物的分子结构不是出于他的原创而并不乐于提及。

王世真无怨无悔地为我国核医学事业奉献了一切。用自己的学识报效祖国是他一生从未改变的信念。仅凭这一点，他就能赢得我们所有人的敬仰和尊重。

念祖厥德，立身扬名

王世真出身名门：西清王氏。王世真在学术上的成就与优越的家境、渊深的家学以及重视教育的家族传统有直接关系。

王世真的父亲王孝缃终身以救人济世为职志。母亲林剑言同样满怀报国济世之志，只是受时代局限没有机会施展。

王世真受到家族中宾客、门生及族人的影响，从小就有儒家的功名思想及入世报国的理念。王世真自己也分析说他的功名思想，是受了家庭的熏陶和影响。家庭环境的复杂性和独特性，一方面成就了王世真复杂的性格，另一方面使他从小就树立了入世报国的价值观。

天赋异禀，勤奋进取

王世真从小就行事倔强而且周全，可谓天赋异禀。其求学历程中所读过的格致中学、燕京大学、清华大学又都是选拔严格、考核严格、管理严格的学校。

优良的学校教育，尤其是在清华大学期间所受的教育培育了王世真做人做事及对于学术与政治的态度：对学术研究比较执着，是一种沉着、积极进取的人生态度，认真奋斗，实干苦干，脚踏实地，实事求是，勤劳尽职。由于清华重视体育的风气，也深刻地影响了王世真。在清华养成的体育锻炼习惯，让王世真终身受益。坚实的学术基础和优良的身体素质使他以五篇论文的成绩顺利取得美国艾奥瓦大学的博士学位。

思想乐观，意志坚强

王世真性格较复杂。他认为对事虽然不能无原则地随意妥协，但是对人要懂得妥协，尽量避免无谓的争吵，以免伤害身心。无论在什么样的环境中，他都能乐观地生活。

矢志不渝，幸运相随

王世真的一生是幸运的。在他人生的各阶段，总能得到及时的援助和关照。他自己也曾认为，机遇对一个人的成功比较重要。但其实正因为他本身的优秀，机遇才如此眷顾他。

对于回国，王世真也从来没有后悔过，即便是在最艰难的时候也是如此。他始终认为如果要做事业，在祖国可以做的事情很多很多，对于国家而言，自己回来肯定要比留在美国起的作用更大。要是自己留在国外，有房子、有汽车，生活水平可能会高一些，能多出几篇论文，但也仅此而已。

附录一　王世真年表

1916 年

生于日本千叶。父亲王孝缃，母亲林剑言。

1917 年

随母亲回到福州。

1924 年

独自一人从福州去南京，寻找当时在南京行医的父亲。

1927 年

小学毕业。考入福州格致中学。

1932 年

考入燕京大学化学系。

1934 年

转学考入清华大学化学系。

加入中国化学会。

1937 年

抗日战争爆发后，清华大学南迁。

1938 年

在中央药物研究所从事白药有效成分研究。

任中央药物研究所助理研究员。

1939 年

在中央大学任研究助理，为向奋战在云南、缅甸一带的抗日部队提供特效抗疟药进行扑疟母星的合成。

1940 年

在导师袁翰青教授的推荐下，前往贵阳医学院任讲师。

1941 年

与黄景泉结婚。

1942 年

赴贵州大学任教。2—6 月，任植物油厂公务员。

贵州大学讲师。

1943 年

7 月，被破格提升为副教授。

1944 年

在很困难的条件下，制成抗日部队急需的杀虫剂 DDT，并立了功。

任战时卫生人员训练所化学组组长。

1945 年

以制药化学专业第一名的成绩通过教育部公费留学考试。

6—8 月，任生化药厂华西分厂厂长（筹备）。

1946 年

经英国著名科学家李约瑟教授帮助，获得班廷奖金，到加拿大多伦多大学学习药理学。

1947 年

转入美国艾奥瓦大学，主修有机化学，副修生物化学。兼任研究助理。

1948 年

1 月被选为全美化学荣誉协会会员。

4 月被选为全美科学荣誉协会会员。

获美国艾奥瓦大学化学硕士学位。

1949 年

加入了由留美学生组织的留美中国科学工作者协会，并担任该协会艾奥瓦地区负责人。该协会后被美国政府勒令解散。

以论文《甲状腺素类似物的合成》获得美国艾奥瓦大学化学博士学位。

1950 年

进入著名的艾奥瓦大学放射性研究所工作。首先发表了两类甲状腺素类似物的结构，开创了一个新的研究领域——结构和功能关系的研究。

任美国艾奥瓦大学放射性研究所副研究员。

1951 年

8 月获准回国，与其他同期回国的学者受到周恩来总理的热情欢迎。

受聘任北京协和医学院生化系副教授，从事生物化学的教学和研究工作。

1952 年

研创出 ^{14}C 标记的甲状腺素，这个化合物的制备后来被作为国家级文献保存在美国文件研究所（ADI）。利用课余时间到中国医学科学院药物研究所兼进行药物合成的研究。先后进行了抗结核药、抗高血压药、X 线对比剂、抗肿瘤药和核素诊断用药等多种药物的合成。同时还在北京大学兼课，讲授高等有机化学。完成了扑疟母星的合成，并将研究结果上报轻工业部。

1954 年

起草了《十二年科学技术远景规划》中的“同位素在生物医学中的应用”内容。

1956 年

受解放军总后勤部委托，在西安举办了我国最早的同位素测量仪器训练班和同位素应用训练班。

升任协和医学院教授；开始培养研究生。

任中国生理科学会常务理事。

1957 年

在协和医学院建立了同位素中心实验室，首次将同位素应用于人体，检查肠道吸收功能。为了保证安全，先在自己身上做了实验。

受卫生部委托，在西安主持第二期全国同位素新技术学习班。

中国医学科学院与北京协和医学院合并，成立了实验医学研究所（现基础医学研究所的前身），任该所生物化学系教授。

任中国医学科学院实验医学研究所研究员。

1958 年

主持中国医学科学院同位素应用委员会工作。

10 月，和朱壬葆一起代表中国参加在捷克斯洛伐克召开的国际放射性核素应用会议（即同位素和放射生物学国际会议），报告两年来中国医学科学院放射性核素应用方面的成就，顺便考察苏联及捷克有关机构。回国后，中国医学科学院同位素委员会在《科学通报》发表了《两年来中国医学科学院应用放射性同位素的成就》一文。

1959 年

调往中国医学科学院新建的放射医学研究所工作。在此后二十年，放射所为在中国建立、普及同位素技术及其应用做了大量工作。在放射所标记室，先后主持研制、供应近二百种放射性产品。其中有 ^{14}C 标记的多种氨基酸、^{14}C- 甲酸、^{131}I- 三碘甲状腺原氨酸（T_3）、^{131}I- 甲状腺素（T_4）、^{131}I 标记的二碘酪氨酸以及 ^{131}I- 邻碘马尿酸、^{131}I- 二碘荧光素和 ^{14}C- 腺嘌呤、^{15}N- 甘氨酸等。不仅极大地促进了中国许多基础与临床学科科研工作的开展，使核生物学和核医学技术得到广泛应用，而且打破了某些国家对我国的技术封锁，也为国家节约了大量的外汇。

参加筹建中国医学科学院放射医学研究所，任第一研究室主任、教授；为研究动脉粥样硬化的成因，合成 6-^{131}I- 胆固醇。

1961 年

带领侯金钟、刘国栋等放射所骨干在北京制药厂简陋的条件下，建成自动化车间，生产五种最常用的放射性药物，供应全国。

与周前、肖伦等一起参与了我国药典制定工作。

1962 年

翻译了《生物学中的同位素示踪法》。指导两名研究生率先利用液闪

测量技术做了 ^{14}C 及 ^{3}H 的示踪研究，并推动了该技术在我国的广泛应用。

1963 年

指导刘士豪教授的学生陈智周在中国首次创立了放射免疫分析技术。

在“文化大革命”以前，培养了汪桂江、夏宗勤、林汉等研究生。

1972 年

组织在北京召开了“全国原子医学经验交流会”。会议期间，卫生部药品生物制品检定所、中国原子能科学研究院同位素所（四〇一所）承办“全国核素发生器学习班”，讲授钼［^{99}Mo］－锝［^{99m}Tc］发生器生产过程、锡［^{113}Sn］－铟［^{113}In］发生器生产过程及两种发生器的质量控制。

与刘鼎新等主办了全国原子核科学技术展览会医学部分的“放射性同位素与射线应用”展览会，组织召开二十九省市代表全都参加的全国原子核医学经验交流会。

1973 年

在四川简阳主持举办了全国同位素新技术经验交流学习班，主编了《同位素技术及其在生物医学中的应用》一书。

1975 年

与华山医院、上海第二医学院的专家们举办了“放射免疫分析及其他放射体外测定方法学习班”。

1977 年

与夏宗勤等主持了我国首次“实验核医学座谈会”。

与徐冠仁（我国核农学奠基人）在参加全国自然科学学科规划会议期间，提出了建立中国科学院原子能局的建议，促进了我国原子能事业的发展。

《放射性核素技术及其在生物医学中的应用》出版。

任《国际放射医学核医学杂志》顾问。

1978 年

妻子黄景泉参加编写儿科专著时，因操劳过度，患脑出血去世；同年与周前教授共同接待了美国核医学代表团，并组织学术活动。

《放射性核素技术及其在生物医学中的应用》获得全国科学大会成果奖。

升任放射医学研究所副所长。

当选四川省人民代表大会代表，至 1982 年。

担任中国医学科学院放射医学研究所副所长，至 1985 年。

担任《核技术》杂志顾问至今。

任中国医学科学院学术委员会委员至今。

1979 年

回到北京协和医院工作，任教授。

在放射所和协和医院这两个单位工作期间创建并向各地推广医用活化分析、稳定核素应用、酶的放化测定、微生物的放射测定、放射受体分析、同位素发生器的临床应用等一系列核技术和方法。

担任中国电子学会副理事长，至 1984 年。

担任中国生化学会理事，至 1985 年。

和周前连续十五年主持被称为“生物导弹”的放射免疫显像研究，至 1994 年。

创办中华医学会核医学分会，任首届主委。

创办中国核学会核医学学会，任首届理事长。

1980 年

1 月，和周前教授结婚。

应美国核医学会邀请，参加了美国核医学会年会，并访问了八个城市的许多著名核医学中心；参观诺贝尔奖获得者 Yalow 的实验室；被选为中国科学院生物学部委员（后改称“院士”）。

放射所核医学室负责人，至 2008 年；共主持和参加八届“全国核医学大会”。

担任中国核学会常务理事，至 1990 年。

出任中华医学会核医学分会第一届委员会主任委员。

1981 年

创办《中华核医学杂志》，并任首届总编辑。

任《中华核医学杂志》的首届主编。

5 月，任中国科学院生物学部常务委员，至 1995 年。

任中国医学百科全书编委。

1982 年

8 月，率团参加巴黎第三届世界核医学大会，为以后每四年我国参加一次世界核医学大会开了头。

领导的实验室在我国首先合成了用于研究人体内蛋白质代谢的稳定核素 ^{15}N 标记甘氨酸。

建立了用气相层析 – 质谱 – 计算机（GC–Ms）联用仪进行生物样品中稳定核素定量的方法，并正式用于人体的代谢研究。

9 月，到伦敦参加卫星会，并参观医学学府及医院。

与夏宗勤主持了“受体放射分析专题讨论会”。

1983 年

全国核医学电子学学术会议在北京召开，任大会副主席。

我国科学工作者，经过十四年努力，人工合成了酵母丙氨酸转移核糖核酸。其化学结构与天然产品相同，而且具有完整的生物活力。但合成的 t–RNA 为量甚少（5—7pmol 水平），必须采用一种高度灵敏的方法，才有可能测定它。经杨守礼等比较熟悉液闪测定的专家鉴定后在北京科学会堂宣布：在世界上第一次成功人工合成核糖核酸圆满。

在周前主持的首届“中美核医学座谈会”上，与周前分别接受了美方赠送的“核医学优异成就”奖牌。

任国务院学位委员会学科评议组成员，至 1994 年。

1984 年

指导博士研究生首次完成了抗人卵巢癌多克隆抗体的 ^{131}I 标记并在临床上成功地进行了肿瘤定位，迈出了中国放射免疫显像研究的第一步。

放射研究所从四川简阳搬到了天津市。

担任中国电子学会核电子学与核探测技术学会副主任委员。

参加“放射性药物和标记化合物学术讨论会”。

1985 年

1 月，担任中国医学科学院放射医学研究所名誉所长。

出任第一届（1985—1992）全国自然科学名词审定委员会委员。担任全国自然科学名词审定委员会委员。

任《中华核医学杂志》名誉主编、顾问。

8 月，应国际原子能机构邀请，参加了维也纳国际原子能机构（IAEA）主办的核医学会，作大会报告，主持专题讨论会。

9 月，在美国卡萨斯城国际同位素大会做大会报告，并应邀参观了旧金山加州大学及国家氚实验室。受联合国委托，主办了国际放免师资培训班。

在中国医学科学院内成立了首都核医学中心。

1986 年

在中国核医学会主办的中美核医学座谈会上，与周前教授一起被美方授予“核医学优异成就奖”金质奖牌。

6 月，经香港去印尼，在 IAEA 规划会主讲规划建议。

江苏省原子医学所成立国家核医学重点实验室，任该实验室学委会主任。

在江苏省原子医学研究所及其他各单位的大力支持和协助下，主编了《英汉核医学词汇》一书，全书共收两万余条词汇。

审定了由文允镒、张志明、胡蓓编著的《钙与钙调素》。

担任国家自然科学基金评审组成员，至1995年。

1987年

应邀在国际原子能机构的雅加达会议上报告了中国核医学发展规划，并以此为蓝本讨论整个亚太地区的总体规划。

与江骥等发表了论文《临床医学的一个新领域——开展稳定同位素临床应用的概况》。

与江骥、胡蓓等运用稳定同位素方法，研究川芎嗪、川芎哚、天麻类似物等中草药或人工合成的中草药衍生物，探讨了它们的代谢产物和代谢动力学，为进一步研究几千年来为我国卫生保健事业做出巨大贡献的祖国医学开辟了一条新途径。

1988年

在中国国际会议中心支持下，与周前主持了由首都核医学中心在北京主办的国际核医学学术会议，参加会议的有来自二十八个国家的二百多名代表。

担任《同位素》杂志顾问。

1989年

4月6—8日，在北京召开中国同位素与辐射行业协会第一届会员代表大会，宣布中国同位素与辐射行业协会正式成立。与李觉、朱光亚、徐冠仁、刘书林、甘英、肖伦、徐海超、张家骅、屈智潜、吴季兰、马瑞德等出任协会顾问。

7月，与周前经泰国去以色列进行了三周的学术访问并考察了以色列的医学中心、工厂等。回国后，就以色列的所见所闻，写了《完善的医疗保健系统》一文。

同周前一道参加了英、德、法、奥、加、俄、日、韩、印、澳大利亚等许多国家的学术活动。

《放射性核素技术及其在生物医学中的应用》经过一些增补后以《核医学与核生物学》为名再版。

1990 年

担任中国核学会荣誉理事。

任第五届世界核医学联盟国际联络委员会委员。

1992 年

4 月，应美国艾奥瓦大学医学院邀请前往该校访问并做报告。

与台湾专家一起主办了“两岸辐射应用会议”。

应邀访问台湾清华大学并作了两个报告。

台湾长庚医院邀请周前筹办该院 PET 中心，陪同周前前往台湾。

台湾新光医院邀请周前筹办该院 PET 中心，和北京协和医院鲁重美一道陪同周前前往台湾。

1993 年

5 月，与周前去伦敦、多伦多、埃德蒙顿、西雅图等地，考察 PET（正电子发射断层）开展情况，经东京回国。

8 月 8—11 日，在无锡江苏省原子医学研究所参加首届世界华人核医学讨论会。

8 月 30—31 日，在京主办首届两岸辐射医学应用研讨会。

主持中科院医学界院士会议期间，提出筹建中的中国工程院应设立医学部并得到与会有关代表的响应。

为刘秀杰、马寄晓主编《临床心肺核医学》写了序。

10 月，担任核医学国家重点实验室学术委员会主任。

11 月 6—7 日，在无锡江苏省原子医学研究所主持了核医学国家重点实验室学术委员会第一次会议。

12月，与周前一道主持了“第四十九届香山科学会议”，美、加、英、德、瑞典等国的十位专家在会上作了特邀报告。

担任核医学国家重点实验室学术委员会主任。

1994年

1月28日，参加了在中国同位素公司召开的中国同位素与辐射行业协会召开理事长、顾问扩大会议。

5月，应台湾清华大学邀请，与周前一起访台，在清华大学及核医学演讲会上做报告，并参观了台北的有关核医学机构。

6月21—23日，在北京召开中国同位素与辐射行业协会第二次会员代表大会，并选举产生了协会第二届领导机构。与马瑞德、刘书林、刘书城、肖伦、李觉、张家骅、吴季兰、周甲贤、周永田、周渊泉、周瑞英、屈智潜、赵维焕、徐冠仁、徐海超等人一起被聘为协会顾问。

10月，与周前一道参加了悉尼第六届世界核医学大会并做报告。

1995年

1月24日，中国同位素与辐射行业协会在中国同位素公司召开了理事长、顾问扩大会议。与刘书林、刘书城、李觉、吴季兰、周甲贤、周永田、屈智潜、赵维焕、徐海超等一起出席了会议。

12月15—17日，在北京召开的香山科学会议第四十九次主题为“PET与21世纪生命科学”学术讨论会上，与周前、周如玲一起担任会议执行主席。

1996年

与十九位中国科学院院士联合签名提出“关于在我国筹建PET（正电子发射断层显像）中心”的建议，得到中央拨专项资金的支持，在协和医院建成PET中心，为解决肿瘤、心脑疾病等医学难题提供了有力工具。

2月8日，出席了中国同位素与辐射行业协会在中国同位素公司召开的理事长、顾问扩大会议。

1997 年

1 月 27 日，出席了中国同位素与辐射行业协会召开的京区理事长、顾问扩大会议。

9 月 2—4 日，担任在山西省太原市召开的国际核医学研讨会名誉主席并致贺词。

任中华核医学会专家咨询委员会主任，至今。

1998 年

1 月 15 日，参加了中国同位素与辐射行业协会在中国同位素公司召开的理事长、顾问扩大会议。与温贤芳、肖伦等专家分别介绍了核农业、同位素与核医学的国内外发展情况和取得的明显的经济效益。

转为资深院士。

3 月 11 日，在无锡市江苏省原子医学研究所，主持了由中华医学会核医学分会专家咨询委员会与引进国外医药技术与设备杂志社联合主办的核医学进展与战略座谈会。

9—11 月，与周前参观了美国西部及东部许多 PET 中心，并参加了波士顿国际 PET 会议。

1999 年

1 月 27 日，参加了中国同位素与辐射行业协会召开的在京理事长、顾问扩大会议。

4 月，与周前应邀去台湾台中出席 PET 演讲会。

2000 年

11 月 5 日，与周前在海南省海口市参加了《中华核医学杂志》第五届编辑委员会第二次全体会议。

5 月 17—22 日，与周前、林祥通等参加了在韩国汉城举行的第二届中韩核医学学术交流会。

2001 年

5 月，《分子核医学》出版。

2003 年

与孙曼霁、张滂、陈可冀、周同惠、强伯勤、韩启德、韩济生等十一位中国科学院院士联合在刘耕陶、秦伯益、甄永苏等工程院院士提出“关于筹建国家级药物创新研究的分子核医学技术平台的建议”书上签名。

4 月 22 日，非典期间，与二十二位院士联名向中国国务院提交了《以非典型肺炎（SARS）防治为切入点，构筑预防医学体系，全面加强中国医学科学研究》的报告，建议构筑我国预防医学创新体系。国务院领导对该报告作了重要批示。

主审的中华医学会编著的《临床技术操作规范・核医学分册》由人民军医出版社出版。

9 月 12 日，与周前等核医学界前辈应邀参加在北京召开的“求真务实——中国分子核医学普及与发展研讨暨 PHILIPS 核医学新产品发布会”。

11 月 1—2 日，与周前发起、由田嘉禾教授具体组织的专家 PET 读片会在北京解放军总医院成功举办。

2004 年

《分子核医学》再版。

2005 年

6 月 3—7 日，与周前一起向在四川省成都市召开的中华医学会第七次全国核医学学术会议发了贺电。

8 月 16—18 日，与严东生、马大猷、吴旻、陈梦熊、於崇文、柯俊、王希季、徐光宪、郭慕孙、陆元九、李东英、关君蔚、裴荣富、陈敬熊、童志鹏、盛志勇、王大中、陈佳洱、何祚庥、王淀佐、李静海等二十四位中国科学院和中国工程院院士参加了北戴河召开的由中国科学院、中国工程院资深院士联谊会举办的中国科学技术自主创新问题与对策研讨会。

2007年

11月21日，参加了在中华医学会伟伦厅举办的《中华临床医师杂志》（电子版）第一届编委会在京编委工作会议。

2008年

6月23日，在人民大会堂参加了中国科学院第十四次院士大会和中国工程院第九次院士大会并捐“特殊党费”三千元为抗震救灾献爱心。

2009年

6月4—5日，参加了在上海、北京召开的西门子临床前分子影像技术（microPET、microSPECT和microCT）研讨会。

10月23日在天津参加了放射医学研究所成立五十周年庆典活动。

11月18日，参加了中国核学会首届学术年会。

给福建省闽侯乡亲联谊会捐款一千元。

2010年

4月25日，与1937届（九级）校友彭德一、林家翘等齐聚工字厅东厅会议室，庆祝母校成立九十九周年。

6月26日，与谭天秩到郑州参加了由中华医学会核医学分会召集召开的中华医学会核医学分会第八届委员会第三次全体会议暨《中华核医学杂志》第七、八届编辑委员会全体会议。

2016年

5月27日，在北京逝世。

附录二　王世真主要论著目录

一、论文

英文

[1] Wang S. Semimicrosynthesis of DDT [J]. EMSTS (Emergency Medical Service Training School) Report, 1944.

[2] Barker SB, Kiely CE, Wang S, et al. Evaluation of potential thyroxine inhibitors [J]. Fed Proc, 1949.

[3] Schueler FW, Wang S, Featherstone RM, et al. Absorption spectra and the pharmacological actions of tetrazole derivatives [J]. J Pharmacol Exptl Therap, 1949.

[4] Wang S, Schueler FW. A simple ketene generator [J]. J Chem Education, 1949.

[5] Barker SB, Keily CE, Wang S, et al. Evaluation of agents with thyroxine-inhibiting effects [J]. J Pharmacol Exptl Therapy, 1950.

[6] Barker SB, Dirks HB, Wang S, et al. Anti-thyroxine effects of thyroxine analoques [J]. Fed Proc, 1950.

[7] Wang S, Jiang J, Zhou Y, et al. A newly emerging field in clinical medicine [J]. J Clin Endocrinol, 1950.

[8] Schueler FW, Wang S. Absorption spectra of azlactones [J]. J Am Chem Soc, 1950.

[9] Gerarde HW, Jones M, Wang S, et al. Quantitative studies of protein and nucleic acid synthesis in tissue cultures [J]. Fed Proc, 1951.

[10] Wang S, Hummel J, PI Winnick T. Synthesis of radioactive DL-aspartic acid [J]. J Am Chem Soc, 1951.

[11] Wang S, Hummel JP, Winnick T. Synthesis of radioactive DL-aspartic acid [J]. Document 3497 from American Documentation institute, 1951.

[12] Wawzonek S, Wang S. The preparation of iodophenoxyacetic acids [J]. J Org Chem, 1951.

[13] Barker SB, Keily CE, Jr, Wang S, et al. Metabolic effects of halogenated acrylic acid analogs of thyroxine [J]. Endocrinology, 1951.

[14] Klitgaard HM, Dirks HB, Jr, Wang S, et al. Inhibition of thyroxine action by iodinated phenoxyacetic acids [J]. Endocrinology, 1951.

[15] Wawzonek S, Wang S, Lyons PL. The preparation of thyroxine analogs [J]. J Org Chem, 1951.

[16] Wang S, Hummel JP, Winnick T. Synthesis of thyroxine-1-C-14 [J]. J Am Chem Soc, 1952.

[17] Wang S, Hummel JP, Winnick T. Synthesis of thyroxine-1-C-14 [J]. Document 3125 from American Documentation institute, 1952.

[18] Wang S, Hummel JP, Winnick T. Aspartic aid-4-C-14 [M] //Murray A, Williams DL, eds. Organic Syntheses with Isotopes. Interscience Publishers, 1958.

[19] Wang S, Hummel JP, Winnick T. Thyroxine-1-C-14 [M] //Murray A, Williams DL, eds. Organic Syntheses with Isotopes. Interscience Publishers, 1958.

[20] Xia Z, Wang S. Thyroid hormone and the feedback mechanism of cholesterol metabolism [J]. Academia Sinica, 1965.

[21] Yang S, Wu C, Wang S, et al. Dexamethasome effect on thyroid hormone metabolism [J]. Chin Med Sci J, 1983.

[22] Wang S. Nuclear medicine in China [J]. Industrial Equipment and Materials, 1985.

[23] Wang S, Jiang J. Total protein turnover and in vivo glycine kinetics in chronic renal failure before and after treatment with essential amino acids, 1st Int Symp in NucI Med and Related Med Applications of Nucl Techniques in Developing Countries [J]. IAEA, 1985.

[24] Wang S, Hua M. Background and present studies of isotope applications in China, Synthesis and Applications of Isotopically Labeled Compounds [J]. Elsevier Science Publishers, 1986.

[25] Wang S, Liu X. Nuclear medicine in China, Nuclear Medicine and Related Radionuclide Applications in Developing Countries [J]. IAEA, 1986.

[26] Lin Q, Yang W, Wang S, et al. Preparation of l−131−anti−AFP−IgG of high radioactivity for radioimmunotherapy [J]. Int Conf on Nucl Radiochem, 1986.

[27] Sha Y, Liu P, Wang S, et al. Determination of trace elements in hair of Wilson's disease patients using PIXE [J]. Nuclear Instruments and Methods in Physical Research, 1987.

[28] Zhu X, Wang S, Chou C, et al. Radioimmunoimaging of malignant tumours [M] //Klapdor Red. New Tumour Markers and their Antibodies Georg. Theme Verlag Stuttgart, 1987.

[29] Wang S. Nuclear medicine training in China, Symposium on Nuclear Medicine Training [J]. IAEA, 1987.

[30] Wang S, Zhu X. Diagnosis of fat malabsorption with C−13, C−14 double−labeled breast test, Symposium on Applications of Stable Isotopes [J]. IAEA, 1987.

[31] Wang S. Applications of stable isotopes in the Capital Nuclear Medicine Center [G] //CAMS The 30th Anniversary of the Founding of the Chinese Academy of Medical Sciences, the 70th Anniversary of the Founding of the Peking Union Medical College, 1987.

[32] Wang S, Chou C. Nuclear medicine: moving with the times [J]. Medical China, 1988.

[33] Wang S. Opening remarks, ISNM'88 [J]. Chin J Nucl Med, 1988.

[34] Wang S. Trends in nuclear medicine in developing countries by inference from experience in China [J]. RCA Seminar, Jakarta IAEA, 1988.

[35] Ying Y, Li J, Wang S, et al. Proton-induced prompt gamma-ray emission analysis for N-15 in biological samples [J]. Proc CAMS & PUMC, 1988.

[36] Wu H, Wang S, Wu C, et al. Specificity and stability of indium-111 labeled anti-carcinoembrionic antigen monoclonal antibody in mice [J]. Proc CAMS & PUMC, 1988.

[37] Wu C, Wu YI, Wang S, et al. Radiolabeling of monoclonal antibody with ultra-pure indium-111 [J]. Proc CAMS & PUMC, 1988.

[38] Wang S. Address at the closing ceremony, ISNM'88 [J]. Chin J Nucl Med, 1988.

[39] Wang S, Chou C. Nuclear medicine in China [J]. Nuclear Spectrum, 1988.

[40] Tong Q, Wang S, Xie J, et al. Synthesis of deuterated dimethyl 4, 4'-dimethyl-5, 6, 5', 6'-dimethylenedioxybiphenyl-2, 2'-dicarboxylate (BDD), a remedy for chronic hepatitis [J]. Proc CAMS & PUMC, 1988.

[41] Shi X, Yao C, Wang S, et al. Preparation of anti-lung cancer monoclonal antibody and radioimmunoimaging of tumor bearing nude mice [J]. Proc CAMS & PUMC, 1988.

[42] Li D, Gong X, Wang S, et al. Is direct labeling suitable for the preparation of Tc-99m-CPI [J]. Proc CAMS & PUMC, 1988.

[43] Gu Q, Han C, Wang S, et al. Pharmacokinetic studies of pseudohainanensine

and isotopic effect of deuterium labeled Dseud Ohainanensine [J]. Proc CAMS&PUMC, 1988.

[44] Chen F, Chou C, Wang S. Evaluation of Tc−99m−PAHIDA as a clinical renal imaging agent [J]. Proc CAMS & PUMC, 1988.

[45] Chen F, Gao W, Wang S, et al. PAHIDA, DADS and MAG3: A comparison in animal model [J]. Proc CAMS & PUMC, 1988.

[46] Wang S, Chou C. An overview of nuclear medicine in China [J]. Newsletter, Australian and New Zealand Society of Nuclear Medicine, 1989.

[47] Wang S, Chou C. A brief overview of nuclear medicine in China [J]. Semin NucI Med, 1989.

[48] Wang S, Chou C, Shi X, et al. Human lung cancer imaging using I−131−labeled monoclonal antibodies [J]. Eur J Nucl Med, 1990.

[49] Wang S, Hu P. Turnover of VLDL−apoprotein B in chronic renal failure [J]. Eur J Nucl Med, 1990.

[50] Yao Y, Wang S. Analysis of N−15 in biological samples with proton induced gamma−ray emission analysis [J]. Eur J Nucl Med, 1994.

[51] Jiang J, Wang S, Jiang G, et al. The diagnosis and treatment of helicobacter pylori (HP) infection in Chinese children [J]. Eur J Nucl Med, 1994.

[52] Jiang J, Wang S, Li X, et al. H, Pylori infection in Linqu County, Shandong [J]. Int Conf on Isotopes, 1995.

[53] Chen F, Zhang Y, Wang S, et al. Development of an instant Tc−99m kit for localization of infection.inflammation [J]. Int Conf on Isotopes, 1995.

[54] Wang S. Nuclear medicine training in China [J]. Eur J Nucl Med, 1996.

[55] Chen L, Wang S, Wang S, et al. Immunoresponse of humanized SCID mice to human lung cancer cells [J]. Chin Med Sci J, 1996.

[56] Wang S. Preface [G] //Proceedings, Taiyuan International Nuclear Medicine Symposium, 1997.

[57] Tang G, Wang S, Wu S, et al. Synthesis of DL−alfa−15N−tryptophan

and 2−15N−perlolyrine [J]. J Labeled Compd Radiopharm, 1998.

[58] Wang S, Chou C. Current status of nuclear medicine in China [J]. Chin Med Sci J, 2000.

[59] Fang PI Chou C, Wang S, et al. Preparation and pharmacological studies of 18F−FP−CIT as a dopamine transport imaging agent for PET [J]. J Nucl Med, 2001.

[60] Cai J, Wang S, Zhong Y, et al. Screening and characterization of human single−chain Fv antibody against beta−amyloid peptide 40 [J]. Neuroreport, 2003.

[61] Zhang C, Wang S, Zuo P, et al. Protective effect of tetramethylpyrazine on learning−memory function in D−galactose−lesioned mice [J]. Chin Med Sci J, 2003.

[62] Teng B, Wang S, Fu Z, et al. Semiautomatic synthesis of 3'−deoxy−3'−[18F] fluorothymidine using three precursors [J]. Appl Radiat Isot, 2006.

[63] Lu C, Qiu F, Wang S, et al. identification and characterization of selenoprotein K: an anti−oxidant in cardiomyocytes [J]. FEBS Lett, 2006.

[64] Shih−chen Wang. Recommendations on strengthening the development of nuclear medicine in China [J]. Chinese Medical Sciences Journal, 2009, 3.

[65] Shih−chen Wang. To establish a national technical platform of molecular nuclear medicine for innovation drug development [J]. Bulletin of the Chinese academy of sciences, 2004, 4.

中文

[1] 王世真，梁植权．抗痨新药异菸碱醯肼之合成．化学通报，1952，4.

[2] 胡炳晟，包珂，王世真．X 射线对比剂 I. 对甲氧基 − α − 苯代肉桂酸的还原．化学学报，1955，2.

[3] 唐刚华，姜国辉，王世真，郑连芳．稳定同位素法研究川芎哚体内代谢．核技术，1956，11.

[4] 王世真. 标记有机化合物的制备 [J]. 化学通报，1957，10.
[5] 王世真，等. 中国医学科学院同位素委员会. 两年来中国医学科学院应用放射性同位素的成就 [J]. 科学通报，1958.
[6] 王世真，陈淑凤. C~(14)- 甲酸的合成（一）[J]. 原子能科学技术，1962，10.
[7] 王世真，涂通源，龚雄麒，田淑浩，李金照，何宗秀. 几种 C~(14)- 氨基酸的合成 [J]. 原子能科学技术，1962，10.
[8] 胡炳晟，王世真. 4，5- 二碘荧光素 -I_2~（131）的制备及其性质 [J]. 原子能科学技术，1963，2.
[9] 张秀文，王世真. 8-C-14- 腺嘌呤的合成 [J]. 原子能科学技术，1964.
[10] 王世真，刘秀明. 甲状腺激素的生物合成Ⅲ. 硫尿嘧啶作用的环节 [J]. 分子细胞生物学报，1964，2.
[11] 王世真，姚楚铮，毓景华，陈碧英，范振符，陈绍嘉. 甲状腺激素的生物合成Ⅱ. 碘化过程的研究 [J]. 分子细胞生物学报，1964，2.
[12] 王世真，刘秀明，毓景华，范振符. 甲状腺激素的生物合成Ⅰ. 酪氨酸转变为甲状腺激素的途径 [J]. 分子细胞生物学报，1964，2.
[13] 夏宗勤，王世真. 甲状腺激素对胆固醇代谢的调节作用Ⅰ. 甲状腺激素和胆固醇代谢反馈机制的关系 [J]. Acta Biochimica et Biophysica Sinica，1964，3.
[14] 张秀文，王世真. 8-C~(14)- 腺嘌呤的合成 [J]. 原子能科学技术，1964，11.
[15] 汪桂江，王世真. 甲状腺激素对 S~（35）- 蛋氨酸参入组织蛋白质速率的影响 [J]. 生理学报，1965，4.
[16] 王世真，刘承斌，陈重用. 放射性 I-131 标记的胆固醇 [J]. 放射性同位素与射线应心展览会资料，1972.
[17] 王世真. 国外对原子医学的看法（介绍国际原子能机构及世界卫生组织专家委员会于 1976 年发表的一份报告）[J]. 国际放射医学核医学杂志，1977，1.
[18] 王世真，刘承斌，陈重. 以放射性碘标记的胆固醇 [J]. 中国医学科

学院学报，1979，1.
[19] 王世真. 我国核医学的成长 [J]. 核技术，1979，3.
[20] 王世真. 核技术与现代医学 [J]. 未发表，1979，8.
[21] 王世真. 竞争放射分析近况 [J]. 江苏医药，1979，12.
[22] 林汉，王世真. 甲状腺素对小鼠肝脏含硫氨基酸代谢的作用 [J]. 中国医学科学院学报，1980，4.
[23] 赵武述，傅莉成，王世真. 乳过氧化物酶碘化方法条件的研究 [J]. 原子能科学技术，1981，1.
[24] 王世真. 看病的原子 [J]. 现代化，1981，5.
[25] 王世真. 美国核医学见闻 [J]. 现代化，1981，5.
[26] 王兴海，马惠珍，王世真. 试用酶免疫分析法测定血清总甲状腺素含量 [J]. 中华核医学杂志，1982.
[27] 杨守礼，黄胜利，王世真. 大鼠血浆 cAMP 的代谢清除率和产生速率的测定 [J]. 中国医学科学院学报，1982.
[28] 杨守札，黄胜利，文允镒，张淑芳，王世真. 大鼠血浆 cAMP 的代谢清除率和产生速率的测定（简报）[J]. 中国医学科学院学报，1982，3.
[29] 黄胜利，王博诚，王世真. 甲状腺激素（T-3）对脑环核苷酸系统的影响及其与儿茶酚胺超敏性的关系 [J]. 中国医学科学院学报，1982，5.
[30] 王世真. 生物化学在发展核医学中的作用 [J]. 生命的化学，1982，6.
[31] 黄胜利，文允镒，千世真，等. Beta- 肾上腺能受体的测定及 T-3 对大鼠脑 beta 受体的调节 [J]. 中国医学科学院学报，1983.
[32] 黄胜利，文允镒，杨守礼，王世真. β - 肾上腺能受体的测定及 T-3 对大鼠脑 β 受体的调节（简报）[J]. 中国医学科学院学报，1983，2.
[33] 王世真. 从核素试剂研制近况看当前核医学的新进展 [J]. 国际放射医学核医学杂志，1983，3.
[34] 杨守礼，黄胜利，文允镒，王世真. 丙磺舒对大鼠血浆环磷酸腺苷

（cAMP）代谢清除率和产生速率的影响［J］. 药学学报，1983，4.
［35］江骥，王世真，潘炯光，徐植灵，王光辉. 用GC-MS法测定血浆中～（15）N-甘氨酸［J］. 核电子学与探测技术，1984，1.
［36］杨守礼，黄胜利，文允镒，张淑芳，王世真. 受体的动力学测定方法［J］. 中国医学科学院学报，1984，2.
［37］卢正福，郑钧正，王世真. 英汉基本核医学词汇（续）［J］. 国际放射医学核医学杂志，1985，2.
［38］贺新军，杨静霞，王世真. 甲状腺素对大鼠肾上腺儿茶酚胺含量的影响［J］. 动物学杂志，1985，3.
［39］卢正福，郑钧正，王世真. 英汉基本核医学词汇（续）［J］. 国际放射医学核医学杂志，1985，3.
［40］卢正福，郑钧正，王世真. 英汉基本核医学词汇（续）［J］. 国际放射医学核医学杂志，1985，4.
［41］张振馨，冯应琨，刘国栋，孙贵勤，王世真，沙因，刘平生，张润华. 用质子激发X射线分析法研究肝豆状核变性患者头发元素的含量［J］. 中国医学科学院学报，1985，4.
［42］莫廷树，管昌田，王世真. 白细胞的标记及其临床应用［J］. 国际放射医学核医学杂志，1986，1.
［43］胡蓓，文允镒，张淑芬，王世真，陈孟勤. 心痛定对自发性高血压大鼠红细胞膜Ca~（2+）-Mg~（2+）ATP酶、Mg~（2+）ATP酶活性的影响（简报）［J］. 中国医学科学院学报，1986，1.
［44］贺新军，周辉，王世真，周钟鸣，李良训，魏怀伟，孙晓淼，王彦礼. 甲状腺激素对小鼠胰腺蛋白质更新率的影响［J］. 核技术，1986，2.
［45］文允镒，胡蓓，张淑芳，王世真，陈孟勤. 心痛定对自发性高血压大鼠血压及血浆和组织中钙调素含量的影响［J］. 中国医学科学院学报，1986，2.
［46］张振馨，冯应琨，沙因，刘平生，张润华，刘国栋，孙贵勤，何毅，任玉赉，王世真. 苯丙酮尿症患者头发微量元素锌、铅初步分析［J］.

中国医学科学院学报，1986，3.
[47] 吴宏，贺新军，周辉，王世真，林汉. 大剂量甲状腺素对大鼠胰腺蛋白质释放的影响 [J]. 中国医学科学院学报，1986，3.
[48] 李毕忠，王世真. 放射性核素标记单克隆抗体的化学研究 [J]. 国际放射医学核医学杂志，1986，3.
[49] 沙因，刘平生，张润华，张振馨，冯应琨，刘国栋，孙贵勤，王世真. 用质子激发 X 射线分析方法进行人发微量元素的分析研究 [J]. 核技术，1986，3.
[50] 张振馨，冯应琨，沙因，刘平生，张润华，刘国栋，孙贵勤，何毅，任玉赉，王世真. 苯丙酮尿症患者头发微量元素锌、铅初步分析（简报）[J]. 中国医学科学院学报，1986，4.
[51] 马寄晓，王世真. 放射免疫显象的现状和将来 [J]. 国际放射医学核医学杂志，1986，4.
[52] 贺新军，周辉，王世真. 甲状腺摘除及甲状腺激素替补治疗对大鼠组织蛋白质更新的影响 [J]. 中国医学科学院学报，1986，4.
[53] 王世真. 为开创我国核医学的新局面而奋斗 [J]. 医学科学院院报，1986，9.
[54] 王世真. 评核医学的发展及其新动向 [J]. 核技术，1986，9.
[55] 王世真，施绪保. 放射免疫显像与治疗的历史、现状及展望 [J]. 核科学与工程，1987，Z1.
[56] 林祥通，王世真. 蛋白质和多肽激素～（125）碘化的基本原理和实践 [J]. 国际放射医学核医学杂志，1987，2.
[57] 朱晓鸣，王世真，周前，杨梅芳，马惠珍，刘广大，胡秀凤，连利娟，刘文书，夏振民. 分泌 AFP 肿瘤、分泌 CEA 肿瘤和卵巢癌的放射免疫显象 [J]. 中国医学科学院学报，1987，2.
[58] 江骥，王世真，周云礼，刘存英，徐植灵，潘炯光. 正常成人总体蛋白质更新率及血浆甘氨酸动力学参数的测定 [J]. 营养学报，1987，3.
[59] 胡蓓，文允镒，张淑芳，王世真，陈孟勤. 硝苯吡啶对自发性高血

压大鼠红细胞膜 ATP 酶活性的影响［J］. 基础医学与临床，1987，6.
［60］陆丽仪，韩章淑，王世真，程明. ~（99m）Tc 标记抗 CEA 单克隆抗体［J］. 核技术，1988，1.
［61］耿建国，陈灏珠，王世真. Bolton-Hunter 法碘标记技术及其应用［J］. 国际放射医学核医学杂志，1988，1.
［62］吴宏，王正，周辉，王世真，李德有，龚雄麒. ~（99m）Tc-2- 甲基 -2- 异氰基丙酸甲酯在动物体内分布和心肌显像的研究［J］. 中国医学科学院学报，1988，3.
［63］么崇正，施绪保，王世真. 单克隆抗体放射免疫显像定位诊断肿瘤［J］. 细胞与分子免疫学杂志，1988，3.
［64］施绪保，王世真. 国内放射性核素肿瘤阳性显像的进展［J］. 癌症，1988，3.
［65］施绪保，王世真，周前，杨梅芳，赵家棣，赖百圹，湛秀萍，韩岩. 抗人肺腺癌单克隆抗体放射免疫显像的动物实验研究［J］. 细胞与分子免疫学杂志，1988，3.
［66］施绪保，么崇正，孔燕国，周前，王世真. 人大细胞肺癌单克隆抗体的制备及其碘化后的免疫活性［J］. 细胞与分子免疫学杂志，1988，3.
［67］么崇正，施绪保，孔燕国，王世真. 蛙皮素单克隆抗体的制备［J］. 细胞与分子免疫学杂志，1988，3.
［68］么崇正，施绪保，王世真. 单克隆抗体放射免疫显像定位诊断肿瘤（文献综述）［J］. 国际外科学杂志，1988，6.
［69］李德有，龚雄麒，王正，吴宏，王世真. 2- 甲基 -2- 异氰基丙酸甲酯的合成［J］. 中国医药工业杂志，1988，9.
［70］王世真. 我国核医学的现状与展望［J］. 核技术，1988，10.
［71］卢正福，郑钧正，王世真. 英汉基本核医学词汇［J］. 国际放射医学核医学杂志，1989.
［72］吴传初，吴永慧，刘元方，吴红，王世真，韩冰，刘成贵，袁玫，赵东海. 用~（111）In 标记单克隆抗体和动物分布与显象研究［J］.

核化学与放射化学，1989，3.
[73] 王世真. 国外基础核医学的最新进展 [J]. 国际放射医学核医学杂志，1989，Z1.
[74] 高维真，童强，张作恩，王世真，龚雄麒. ~(13)C- 软脂酸的合成 [J]. 中国医药工业杂志，1989，12.
[75] 么崇正，孔燕国，王世真，等. 表皮生长因子的放射受体分析 [J]. 中华核医学杂志，1990.
[76] 童强，王世真，谢晶曦. 氘标记联苯双酯的制备研究 [J]. 中国医学科学院学报，1990，1.
[77] 施绪保，王世真. 肺癌放射免疫显像的研究近况 [J]. 国际放射医学核医学杂志，1990，1.
[78] 高维真，陈方，李玉萍，王世真，陆丽仪. 新型肾功能显像剂~(99m)Tc-MAG_3 的合成及动物实验 [J]. 核技术，1990，1.
[79] 施绪保，王世真. 放射性碘标记单克隆抗体的研究进展 [J]. 国际放射医学核医学杂志，1990，2.
[80] 郑三军，林祥通，王世真. 人血清生长激素放射受体分析法及其临床应用 [J]. 国际放射医学核医学杂志，1990，3.
[81] 顾兆祥，林祥通，王世真. 放射性核素标记白细胞显像研究进展 [J]. 国际放射医学核医学杂志，1990，4.
[82] 施绪保，李方，王世真，等. 胰腺癌单克隆抗体在裸鼠移植瘤中的免疫定位作用 [J]. 中华核医学杂志，1991.
[83] 王世真. 我对科学家应具备的素质的思考——并和青年朋友们谈谈心 [J]. 生理科学进展，1991，2.
[84] 幺崇正，王树惠，相子义，李方，周前，王世真. 人源乳腺癌单抗用于临床放射免疫显像 [J]. 细胞与分子免疫学杂志，1991，3.
[85] 王世真. 谈谈学分制和重点学科点 [J]. 学位与研究生教育，1991，4.
[86] 么崇正，杨子义，李方，王世真，孙强，黄汉源，王树惠，孙月英，苏小玲，顾方舟. 抗乳腺癌人单克隆抗体用于裸鼠移植瘤显像 [J]. 肿瘤，1991，4.

[87] 刘亮，施绪保，李方，刘洁，凌允礼，侯健存，王世真．~（131）I-抗肺癌 McAb 在人肺癌裸鼠模型体内的放射免疫显像［J］．中国医学科学院学报，1991，5.

[88] 李德有，龚雄麒，王正，吴宏，周辉，王世真．~(99)Tc~m 标记 2-甲基 -2- 异腈基 - 丙酸甲酯心肌显像剂的制备研究［J］．原子能科学技术，1991，6.

[89] 施绪保，么崇正，周前，王世真．放射性碘标记的抗肺癌单克隆抗体在载瘤裸鼠体内的代谢［J］．中国医学科学院学报，1991，6.

[90] 邹承鲁，沈善炯，吴旻，李林，彭桓武，师昌绪，梁栋材，王世真，蒋丽金，卢嘉锡，周明镇，钮经义，吴征镒，冯端．再论科学道德问题［J］．山西农业科学，1992，1.

[91] 邹承鲁，沈善炯，吴旻，李林，彭桓武，师昌绪，梁栋材，王世真，蒋丽金，卢嘉锡，周明镇，钮经义，吴征镒，冯端．再论科学道德问题［J］．教育科学研究，1992，3.

[92] 邹承鲁，沈善炯，吴旻，李林，彭桓武，师昌绪，梁栋材，王世真，蒋丽金，卢嘉锡，周明镇，钮经义，吴征镒，冯端．再论科学道德问题［J］．生物学通报，1992，3.

[93] 黄士斌，王世真．X 荧光分析法体内测量微量元素的进展［J］．国际放射医学核医学杂志，1992，4.

[94] 叶云鹏，王世真，江骥．氘标记川芎嗪的合成［J］．同位素，1992，4.

[95] 赵启仁，王世真．时间分辨荧光免疫分析及其应用前景［J］．国际放射医学核医学杂志，1992，4.

[96] 姜国辉，江骥，王世真．稳定核素在钙吸收和钙代谢动力学研究中的应用［J］．国际放射医学核医学杂志，1992，4.

[97] 李军，王世真．~（99m）Tc 标记单克隆抗体技术的进展［J］．国际放射医学核医学杂志，1992，6.

[98] 江骥，姜国辉，叶云鹏，王世真．川芎嗪的体内代谢［J］．中国医学科学院学报，1993，2.

[99] 江骥，王世真，李文敏，胡蓓，李晓明，毕增祺，徐植灵，潘炯光．

慢性肾功能衰竭患者体内三种氨基酸的更新 [J]. 中国医学科学院学报，1993，3.
[100] 江骥，姜国辉，胡蓓，童强，王世真. 大鼠尿中天 018 代谢产物的鉴定 [J]. 中国医学科学院学报，1993，6.
[101] 李军，王世真，周前，张裕民. ~(99m) Tc- 人血丙种球蛋白的制备及其初步应用 [J]. 中华核医学杂志，1994，1.
[102] 李军，王世真，杨子义. 抗体单价片段 Fab'的 ~(99m) Tc 直接标记 [J]. 核技术，1994，11.
[103] 江骥，王世真，李晓明，姜国辉，陈寿坡，贝濂，董爱正，刘桂芝，李伟和. ~(13) C- 尿素呼气试验的方法学改进 [J]. 中华核医学杂志，1994，2.
[104] 李军智，甄永苏，杨子义，王世真，李方. 抗人肝癌单克隆抗体和 Fab 片段在裸鼠体内分布及药物偶联物的疗效比较 [J]. 中国医学科学院学报，1994，5.
[105] 江骥，王世真，李文敏，毕增祺，徐植灵，潘炯光. 口服支链氨基酸前后慢性肾衰病人血浆三种氨基酸代谢动力学的变化 [J]. 中华肾脏病杂志，1994，6.
[106] 江骥，胡蓓，李晓明，叶云鹏，王世真. 人体内川芎嗪药代动力学参数的稳定同位素法测定 [J]. 中国药学杂志，1994，7.
[107] 江骥，焦颖，李晓明，胡玉芳，杨则宜，王世真. 人总体水的 GC/MS 法测定 [J]. 同位素，1995，1.
[108] 阵力真，王树蕙，张云，王世真. 人化 SCID 鼠的建立及其对脊髓灰质炎病毒的免疫应答 [J]. 中华微生物学和免疫学杂志，1995，2.
[109] 王世真，刘秀杰. 有关亚大地区核医学及核生物学大会与我会关系的介绍 [J]. 中华核医学杂志，1995，3.
[110] 胡玉芳，李晓明，江骥，岳湘萍，王世真. 不同地区国人 ~(13) CO_2 呼气试验的初步探讨 [J]. 基础医学与临床，1995，4.
[111] 李军，王世真. 几种 ~(99m) Tc 标记人免疫球蛋白（HIG）方法的比较 [J]. 中国医学科学院学报，1995，4.

[112] 江骥，张联，赵雷，岳湘萍，昌云生，王世真，李晓明，胡玉芳，马峻岭，刘卫东，游伟程. 山东临朐县农村幽门螺杆菌感染的初步调查 [J]. 中国医学科学院学报，1996，2.

[113] 陈力真，王树蕙，张云，王世真. IMMUNORESPONSES OF HUMANIZED SCID MICE TO HUMAN LUNG CANCER CELLS [J]. 中国医学科学杂志（英文版），1996，2.

[114] 姜国辉，王世真，江骥，李军，童强. 氘代川芎嗪与川芎嗪药理作用比较（一）抗血栓及抗血小板作用 [J]. 中国药理学通报，1996，2.

[115] 胡玉芳，李晓明，江骥，岳湘萍，王世真. ~（13）C- 尿素呼气试验中 ~（13）C 本底的初步探讨 [J]. 同位素，1996，3.

[116] 李世军，王世真，周前 . 自制 octreotide 的鉴定、标记和初步动物实验 [J]. 中华核医学杂志，1996，3.

[117] 王世真. 寄希望于研究生 [J]. 未发表，1996，4.

[118] 叶云鹏，王世真，江骥. 人体尿中川芎嗪代谢产物的研究 [J]. 中国医学科学院学报，1996，4.

[119] 王世真. 我对科学家应具备的素质的思考 [J]. 中华核医学杂志，1996，5.

[120] 王世真. 尽速建立正电子发射断层显象中心 [J]. 中国科学院院刊，1996，6.

[121] 王世真，周前. 核医学正迈进 PET 时代 [J]. 国外医学放射医学核医学分册，1997，Z1.

[122] 唐刚华，王世真，吴淑琴，等. DL- 色氨酸的合成研究 [J]. 中国药科大学学报，1997.

[123] 陈方，周前，李方，王世真. 心肌灌注显像剂 ~（99m）Tc-tetrofosmin 的临床前研究 [J]. 中华核医学杂志，1997，1.

[124] 陈方，王世真. 心肌灌注显像剂 ~（99m）Tc-tetrofosmin 的制备和实验研究 [J]. 中华核医学杂志，1997，1.

[125] 王世真. 受体学是核医学研究的重要方向 [J]. 中华核医学杂志，

1997，4.
[126] 杨子义，王世真，孙晓春，李方，周前. 抗肺癌单抗的制备及其在肿瘤放免显象中的应用 [J]. 中国医学科学院学报，1997，4.
[127] 王世真. 寄意年轻医师 [J]. 上海医学，1997，9.
[128] 王世真. 论素质 [J]. 未发表，1998.
[129] 王世真，周前，李世军，王德心. ~(131)I- 层粘连九肽的合成及在荷乳腺癌裸鼠中的显像和分布 [J]. 中华核医学杂志，1998，2.
[130] 王世真. 核医学的发展是医学现代化的一个重要标志（代卷首语）[J]. 当代医学，1998，3.
[131] 杨子义，王世真，李军. 高效高活性抗体片段的制备 [J]. 细胞与分子免疫学杂志，1998，3.
[132] 唐刚华，姜国辉，张云，陈力真，王树惠，王世真. 同位素示踪沉淀法测定神经生长因子血药浓度 [J]. 中国医学科学院学报，1998，3.
[133] 唐刚华，姜国辉，张云，陈力真，王树惠，王世真. 同位素标记示踪法测定神经生长因子血药浓度 [J]. 中国药学杂志，1998，4.
[134] 唐刚华，王世真，吴淑琴，姜国辉. [α-~(15)N]-dl- 色氨酸的合成 [J]. 核技术，1998，5.
[135] 唐刚华，王世真，吴淑琴，姜国辉. 川芎嗪的有机合成研究 [J]. 中国药学杂志，1998，8.
[136] 杨子义，杨宁，王世真. ~(90)Y- 树脂用于放射杀伤的实验研究 [J]. 核技术，1998，11.
[137] 唐刚华，姜国辉，张云，郑连芳，郭彩云，王树惠，王世真. 表皮生长因子血药浓度(125)~I 标记示踪法的建立 [J]. 核技术，1998，11.
[138] 姜国辉，唐刚华，陈力真，张云，王世真，王树惠. 神经生长因子在小鼠体内的分布与排泄实验研究 [J]. 核技术，1998，11.
[139] 唐刚华，王世真，吴淑琴，姜国辉. [2-~(15)N]- 川芎嗪的合成研究 [J]. 核技术，1998，12.

[140] 唐刚华，姜国辉，王世真，郑连芳. 阿魏酸盐的合成及药理作用研究 [J]. 中国药学杂志，1999，1.

[141] 唐刚华，王世真，吴淑琴，姜国辉. [2-~（15）N] - 川芎哚的全合成 [J]. 核化学与放射化学，1999，3.

[142] 陈方，李方，杜延荣，周前，王世真，梁宋平，顾孝诚，王凡. 肿瘤阳性显像剂 ~（111）In-pentetreotide 的制备和动物实验 [J]. 中华核医学杂志，1999，3.

[143] 唐刚华，姜国辉，王世真，吴淑琴，郑连芳. 川芎哚的结构改造及生物活性研究 [J]. 药学学报，1999，7.

[144] 唐刚华，王世真，姜国辉. ~（15）N_b—色胺和 [2—~（15）N] 川芎哚的合成 [J]. 核技术，1999，8.

[145] 唐刚华，王世真，姜国辉. 氘标色氨酸和氘标川芎哚的合成研究 [J]. 核技术，1999，9.

[146] 姜国辉，唐刚华，苗小春，郑连芳，王世真. 重组人表皮生长因子透皮吸收实验研究 [J]. 中国药学杂志，1999，11.

[147] 王世真. 科技工作者应具备的素质 [J]. 医学与哲学，2000.

[148] 王世真. 关于重点学科的管理体制及运行机制的改革意见 [J]. 未发表，2000.

[149] 王世真. 中青年学者肩负着我国核医学的重任 [J]. 中华核医学杂志，2000，2.

[150] 姜国辉，唐刚华，王世真，汪聪慧，郑连芳. 川芎哚在大鼠体内的代谢转化 [J]. 中国医学科学院学报，2000，2.

[151] 唐刚华，姜国辉，张云，王世真，王树惠. 碘标记示踪沉淀法研究神经生长因子的药代动力学 [J]. 中国药科大学学报，2000，3.

[152] 唐刚华，姜国辉，王世真，郑连芳. 气相色谱 - 质谱法测定川芎哚血药浓度 [J]. 药物分析杂志，2000，3.

[153] 姜国辉，唐刚华，张云，陈力真，王世真，王树惠. 神经生长因子的药代动力学研究 [J]. 中国药学杂志，2000，3.

[154] 吴敦虎，王世真，王艳，王荣正. 硼泥复合混凝剂处理啤酒废水的

研究［J］. 水处理技术，2000，5.

［155］王世真，周前. Current status of nuclear medicine in China［J］. Chinese Medical Journal，2000，5.

［156］王世真. 在我国核医学会成立 20 周年大会上的讲话［J］. 中华核医学杂志，2000，6.

［157］朴日阳，崔瑞雪，杜宜奎，朱朝晖，王世真，周前. O-（2-~（18）F-氟代乙基）-L-酪氨酸的合成及初步动物实验［J］. 中华核医学杂志，2000，6.

［158］唐刚华，姜国辉，王世真，郑连芳. 川芎哚大鼠体内代谢转化研究［J］. 药学学报，2000，6.

［159］徐乐焱，王世真，郭玉璞，刘士民，刘鼎新. 大鼠局灶脑缺血 - 再灌注后 M 受体密度的变化［J］. 中国医学科学院学报，2000，6.

［160］徐乐焱，王世真，左萍萍，郭玉璞，刘士民，袁兰，陈越，杨剑茹. 大鼠脑局灶缺血再灌注后 NMDA 受体的改变［J］. 中华核医学杂志，2000，6.

［161］唐刚华，姜国辉，王世真，郑连芳. 稳定同位素法研究川芎哚体内代谢［J］. 核技术，2000，11.

［162］唐刚华，唐小兰，王世真，等. 1251- 神经生长因子的制备及其药代动力学研究［J］. 核化学与放射化学，2001.

［163］庸刚华，姜国辉，王世真，等. 川芎哚及其类似物的抗血小板与抗血栓作用［J］. 中国药理学与毒理学杂志，2001.

［164］方平，陈正平，林岩松，周翔，杜宜奎，王世真. 多巴胺转运蛋白显像剂 ~（18）F-FP-β-CIT 的制备［J］. 同位素，2001，1.

［165］林岩松，方平，丁时禹，陈正平，周翔，胡名扬，王博诚，张满达，王世真. 吗啡依赖大鼠脑多巴胺转运蛋白及 D-2 受体的研究［J］. 中华核医学杂志，2001，3.

［166］唐刚华，姜国辉，王世真，郑连芳. 川芎哚及其类似物的抗血小板与抗血栓作用［J］. 中国药理学与毒理学杂志，2001，4.

［167］温鸿亮，王世真，王千里. 氟代胆碱类化合物的合成及其抗肿瘤活

性的研究［J］．沈阳药科大学学报，2001，6.
［168］唐刚华，唐小兰，姜国辉，张云，王世真，王树惠．~（125）I-神经生长因子的制备及其药代动力学研究［J］．核化学与放射化学，2002，1.
［169］党永红，王世真，程欣，周前．O-（2-［~（18）F］氟代乙基）-L-酪氨酸的合成及临床实验［J］．中国医学科学院学报，2002，4.
［170］林岩松，丁时禹，陈正平，周翔，方平，王博诚，张满达，王世真．老龄鼠与记忆障碍模型大鼠脑内多巴胺系统的研究［J］．中华核医学杂志，2002，5.
［171］邹承鲁，沈善炯，吴旻，李林，彭桓武，师昌绪，梁栋材，王世真，蒋丽金，卢嘉锡，周明镇，钮经义，吴征镒，冯端．再论科学道德问题［J］．四川动物，2003.
［172］蔡炯，王世真，彭勇，钟彦伟，姬志娟，袁建刚，强伯勤．阿尔茨海默病Aβ人抗体可变区片段基因的克隆和表达［J］．中国医学科学院学报，2003，3.
［173］张春，王世真，左萍萍，崔旭，蔡炯．川芎嗪对D-半乳糖损伤模型小鼠学习记忆及胆碱能系统的影响［J］．中国医学科学院学报，2003，5.
［174］陈竺，陈宜瑜，陈可冀，强伯勤，韩启德，鞠躬，吴祖泽，孙曼霁，姚开泰，王世真，薛社普，曾毅，陆士新，毛江森，陈慰峰，陈中伟，贺福初，金国章，沈自尹，韩济生，吴旻，吴孟超．陈竺等22位院士联名建议——构筑预防医学体系加强我国医学科研［J］．世界科学，2003，5.
［175］林岩松，丁时禹，陈正平，周翔，方平，王博诚，王世真．东莨菪碱对吗啡依赖大鼠脑多巴胺转运蛋白及D-2受体的影响［J］．中华核医学杂志，2003，6.
［176］王世真．关于筹建国家级药物创新研究的分子核医学技术平台的建议［J］．中国科学院院刊，2004，1.
［177］林岩松，巴建涛，田健，李方，陈正平，王世真，张京钟，杨秀

兰，刘玉军，鲁强，徐群渊．慢性实验性帕金森病模型猴多巴胺转运蛋白显像研究［J］．中华核医学杂志，2004，1.
［178］吴战宏，王世真，周前，傅喆，邱飞婵，霍力．~（18）F标记氟甲基胆碱的半自动合成及其生物分布［J］．核化学与放射化学，2004，3.
［179］吴战宏，王世真，周前，邱飞婵，霍力，滕宝，程欣．18~F标记氟乙基胆碱的合成与动物显像［J］．中华核医学杂志，2004，4.
［180］蔡炯，李方，王世真，郑连芳，张迎强．阿尔茨海默病Aβ40人单链抗体在毕赤酵母的表达［J］．医学研究杂志，2005，3.
［181］林岩松，丁时禹，陈正平，王博诚，张满达，王世真．吗啡戒断大鼠脑多巴胺转运蛋白及D2受体的研究［J］．核技术，2005，3.
［182］王世真．浅谈协和精神［J］．中科院学部通讯79期，2005，9.
［183］王世真．对我国高校当前面临一些问题的管见［J］．中科院学部通讯79期，2005，9.
［184］王世真．对青年学生的建议［J］．未发表，2006.
［185］王世真．根深才能叶茂［J］．初中生，2006.
［186］王世真．中国科学院资深院士、本刊顾问王世真教授题词［J］．国际放射医学核医学杂志，2006.
［187］蔡炯，李方，王世真，郑连芳，蒲圻．阿尔茨海默病患者β淀粉样肽40人单链抗体在大肠杆菌的表达和纯化［J］．中国临床康复，2006，1.
［188］刘丽琴，王世真，李方，滕宝，王克栈，邱飞蝉．叶酸受体肿瘤显像剂~（99m）Tc-肼基烟酰胺基酰肼基-叶酸的合成与动物显像［J］．中国医学科学院学报，2006，1.
［189］蔡炯，李方，郑连芳，张迎强，蒲圻，王世真．人膜联蛋白V的重组表达与细胞凋亡显像［J］．基础医学与临床，2006，2.
［190］王世真，邱飞婵．21世纪分子核医学有望改变未来医药学［J］．医学研究杂志，2006，6.
［191］胡洁淼，邱飞婵，阴彬，龚燕华，袁建刚，强伯勤，王世真，彭小

忠. 生物发光显像技术对血管生成抑制因子 vasostatin 在肿瘤细胞PC3 中活性监测［J］. 中国医学科学院学报，2006，6.

［192］蔡炯，李方，刘飞，王世真. 阿尔茨海默病 β 淀粉样肽 40 人单链抗体的生物活性［J］. 中国医学科学院学报，2006，8.

［193］蔡炯，郭瑜，梁米芳，李方，刘飞，王世真. 抗 β 淀粉样肽 40 人单克隆抗体在昆虫细胞分泌表达［J］. 医学研究杂志，2007，3.

［194］张春，王世真，王铁. 川芎嗪对 AD 模型小鼠海马胆碱能系统的影响［J］. 首都医科大学学报，2007，5.

［195］蔡炯，李方，牛娜，王世真. 膜联蛋白 V 的异硫氰酸荧光素标记和应用研究［J］. 医学研究杂志，2007，6.

［196］王世真. 一代宗师功垂千秋——深切怀念高崇熙教授［J］. 高崇熙教授纪念塑像落成纪念文集，2008.

［197］蔡炯，于飞，李方，王世真. ~（99）Tc~m−annexinV 在肺癌化疗评估中的应用［J］. 中国医学科学院学报，2008，1.

［198］张赟，吴战宏，傅喆，李方，朱立，王世真. 半自动化合成 N− 琥珀酰亚胺 −4−~（18）F− 氟苯甲酸酯［J］. 同位素，2008，5.

［199］蔡炯，钟彦伟，李方，王世真. Aβ 单链抗体基因腺相关病毒的包装和纯化［J］. 基础医学与临床，2008，12.

［200］王世真，周前. 核医学新进展［J］. 中国医学科学院首都核医学中心（内部资料），2009.

［201］李瑞芬，吴战宏，王世真，傅喆，党永红，李方. O−（2−［~（18）F］氟代乙基）−5− 羟基 −L− 色氨酸的合成、生物分布及 MicroPET 显像［J］. 同位素，2009，1.

［202］王世真，卢正福. 加强发展我国核医学的建议［J］. 基础医学与临床，2009，10.

［203］蔡炯，曾嘉炜，李方，王世真. 人膜联蛋白 V 二聚体的制备研究［J］. 医学研究杂志，2009，1.

［204］蔡炯，刘飞，李方，王世真. Aβ 单链抗体基因腺相关病毒载体的构建［J］. 中国医学科学院学报，2009，2

[205] 孙婷，王世真，唐刚华，李兆陇．1-[~(18)F]氟代乙基-L-色氨酸的半自动化合成[J]．同位素，2009，2.
[206] 蔡炯，李方，牛娜，王世真．钙滴定法测定~(99m)Tc定点标记膜联蛋白V的亲和力[J]．基础医学与临床，2009，6.
[207] 王世真，卢正福．加强发展我国核医学的建议[J]．基础医学与临床，2009，10.
[208] 王世真．作者的致歉[J]．基础医学与临床，2009，12.
[209] 王世真．深切怀念施今墨老大夫[J]．中国协和医科大学院校报，2011-12-21.

二、著作

[1] 王世真．同位素训练班讲义[M]．中国人民解放军第四军医大学，1956.
[2] 王世真．英汉核医学词汇[M]．原子能出版社，1962.
[3] 王世真．国外医学中应用放射性同位素的新进展（综述）[R]．原子能，1965.
[4] 王世真等中国医学科学院情报组．国外原子医学的基本情况[R]．中国医学科学院情报组，1972.
[5] 王世真等中国医学科学院情报组．我国原子医学的基本情况[R]．中国医学科学院情报组，1972.
[6] M.D. 凯门．王世真，等译．生物学中同位素示踪法[M]．科学出版社，1977.
[7] 王世真．同位素医学应用国外动态[R]．中国科学院五局印，1977.
[8] 王世真等中华医学会第一届全国核医学学术委员会．核医学进展-综述[R]．中华医学会第一届全国核医学学术委员会，1980.
[9] 王世真．竞争放射分析（1979年全国竞争放射分析技术交流会议论文选编）[C]．原子能出版社，1981.
[10] 王世真主编．董惟誉著．核技术及其在生物医学中的应用丛书之闪

烁照相与临床应用［M］. 科学出版社，1985.
［11］王世真主编. 汪桂江，郑钧正著. 核技术及其在生物医学中的应用丛书之核医学中的辐射防护［M］. 科学出版社，1986.
［12］王世真. 中国医学百科全书核医学［M］. 上海科学技术出版社，1986.
［13］中国医学科学院、中国协和医科大学. 学术论文集［C］. 中国科学技术出版社，1987.
［14］王世真，等. 参加全国核医学资料汇编［C］. 中国医学科学院首都核医学中心，1989.
［15］王世真主编. 林祥通，周前著. 核技术及其在生物医学中的应用丛书之甲状腺核医学［M］. 科学出版社，1989.
［16］王世真主编. 陈泮藻，高平，李振甲，颜光涛著. 核技术及其在生物医学中的应用丛书之时间分辨荧光分析技术与应用［M］. 科学出版社，1990.
［17］王世真，林汉，周前. 核医学与核生物学基础及应用［M］. 科学出版社，1990.
［18］达洲等. 中国人看以色列［M］. 新华出版社，1993.
［19］郑瑞容. 榕城格致书院 – 福州私立格致中学简史［M］(内含王世真小传). 福建省市计委印刷厂，1995.
［20］王世真主编. 赵墨田著. 核技术及其在生物医学中的应用丛书之稳定同位素分析法［M］. 科学出版社，1996.
［21］王世真等. 中国科学院院士建议之关于我国筹建 PET 中心的建议［R］. 中国科学院学部联合办公室编，1996.
［22］G. 斯托克林，V.W. 派克. 正电子发射断层现像用放射性药物——制备、质量控制及代谢物分析［M］. 卢玉楷等，译. 王世真，校. 原子能出版社，1997.
［23］韩存志，王克美，编. 院士诗词［M］. 上海科技教育出版社，2001.
［24］王世真. 对青年朋友的期望［M］// 中国医药杂志社编. 医界名家从医感悟. 中国医院杂志社，2002.

[25] 王世真. 中长期科技发展规划学科专题研究报告 [R]. 不详，2003.

[26] 王世真.《核医学临床应用指南》前言 [M]. 不详，2003.

[27] 王世真等. 中国科学院院士建议之关于筹建国家级药物创新研究的分子核医学技术平台的建议 [R]. 中国科学院学部联合办公室编，2003.

[28] 王世真. 分子核医学（第 2 版）[M]. 中国协和医科大学出版社，2004.

[29] 王世真. 向青年推荐书寄语推荐表 [M]. 未发表，2009.

[30] 王世真. 五十诞辰纪念（放射所所史补充本）[C]. 内部资料，2009.

[31] 吴兴镛著，王世真序. 黄金密档——1949 年大陆黄金运台始末 [M]. 江苏人民出版社，2009.

参考文献

[1] 韩存志．新世纪的嘱托——院士寄语青年［M］．上海：上海教育出版社，1999.

[2] 王恭，等编著．福建科学家小传［M］．福州：福建教育出版社，1985.

[3] 王世真，等．中华医学会中国核学会核医学学会史略［M］．中华医学会中国核学会核医学学会，1997.

[4] 张藜．萨本铁的前半生［J］．中国科技史杂志，2006,（04）：287-304，284.

[5] 王世真．勤学，多思，苦干．卢嘉锡，等主编．院士思维，卷三［M］．合肥：安徽教育出版社，2001：52-65.

[6] 中国科学技术协会编．中国科学技术专家传略·医学编·基础医学卷 I［M］．北京：人民卫生出版社，2005.

[7] 中国科学院院士工作局、中国科学院院士工作局．科学的道路（上）［M］．上海：上海教育出版社，2005.

[8] 徐守仁主编．薛公绰纪念集［M］．北京：北京科学技术出版社，2008.

[9] 福建省政协文史资料委员会编．福建文史资料　第 26 辑　学海风帆　科技、文化名人忆述［M］．北京：中国文史出版社，1991.

[10] 凌永乐，王治浩编著．袁翰清［M］．北京：金城出版社，2010.

[11] 北京协和医院．刘士豪画传［M］．北京：中国协和医科大学出版社，2010.

[12] 王世真．忆施今墨［J］．中国协和医科大学院校报，2010-11-21.

[13] 王世真．五十诞辰纪念（放射所所史补充本）[C]．内部资料，2009.
[14] 赵瀛．他与中国核医学——中国核医学创始人王世真教授卓越的一生 [J]．未发表，1997.
[15] 不详．王世真院士传记概览摘要 [J]．未发表，内部资料，2008.
[16] 王世真．情深厚意 高风亮节——沈其震院长 [C]．沈其震教授纪念文集，1993.
[17] 周前，王世真．国家教委全国核医学唯一的"重点学科点"[J]．未发表，内部资料，1996.
[18] 王世真．瀛哥，我们永远怀念你 [J]．清华大学校友通讯，2009.
[19] 李国强，等．中国当代名人录之王世真 [M]．台北：广角镜出版社，1989.
[20] 陈在炳．北京闽侯籍乡亲联谊会成立十周年庆典 [R]．未公开出版，2009.
[21] 科学家传记大词典编辑组．中国现代科学家传记 [M]．北京：科学出版社，1992.
[22] 王世真．毕生奋斗的开端 [J]．未发表，内部资料，2002.
[23] 王世真．王世真自述 [J]．未发表，内部资料，2004.
[24] 中国科学院院士工作局主编．中国科学院院士画册：生命科学和医学学部分册 [M]．济南：山东教育出版社，2006.
[25] 李怀芬．五十岁迈向辉煌（放射所征文纪念册）之我最敬重的老师——王世真院士 [R]．中科院放射医学研究所，2009.
[26] 刘国栋．五十岁迈向辉煌（放射所征文纪念册）之忆恩师王世真院士二三事 [R]．中科院放射医学研究所，2009.
[27] 北京医学会．北京医学大会光荣册 [M]．北京医学会，2010.
[28] 周前，王世真．记王世真 [J]．未发表，内部资料，2006.
[29] 王世真．深切怀念翰青师 [J]．未发表，内部资料，2010.
[30] 刘国生．从清华走出的科学家 [M]．海拉尔：内蒙古文化出版社，2008.
[31] 林文，等．福州格致中学校志（1848—1995）[M]．福建格致印刷厂，1996.
[32] 卢嘉锡主编．中国当代科技精华・医学卷 [M]．哈尔滨：黑龙江教育出版社，1994.
[33] 中央电视台《大家》栏目编．大医精诚，下 [M]．北京：商务印书馆，2005.
[34] 郑瑞荣．榕城格致书院——福州私立格致中学简史 [M]．福建省、市计委印刷厂，1995.

[35] 苏云峰. 从清华学堂到清华大学 [M]. 生活·读书·新知三联书店，2001.
[36] 讴歌. 协和医事 [M]. 上海：上海三联书店，2007.
[37] 西南联合大学北京校友会编. 国立西南联合大学校史 1937 至 1946 年的北大、清华、南开 [M]. 北京：北京大学出版社，2006.
[38] 黄延复. 二三十年代清华校园文化 [M]. 桂林：广西师范大学出版社，2000.
[39] 侯仁之. 燕园史话 [M]. 北京：北京大学出版社，2008.
[40] 王氏族人. 西清王氏族谱 [M]. 家族内部资料，1999.
[41] 王氏族人. 西清王氏宗亲十六人传略集 [M]. 家族内部资料，2009.
[42] 王世真. 王世真简历 [J]. 未发表，内部资料，2011.
[43] 柳堤. 从零点起步——记中国核医学事业的创始人王世真 [J]. 中国卫生届，1992，4.
[44] 健康世界编辑部. 封面人物 [J]. 健康世界，1993，9.
[45] 王世真. “体”是基础，“德”是根本 [J]. 清华校友通讯（复 31 册），1995，4.
[46] 秦萍. 王世真：与核相伴一生 [J]. 跨世纪人才，1998，10.
[47] 首都医药编辑部. 封面人物 [J]. 首都医药，1999，11.
[48] 王世真. 科技工作者应具备的素质 [J]. 医学与哲学，2000，2.
[49] 中国科技画报编辑部. 院士档案：王世真 [N]. 中国科技画报社，2001，8.
[50] 王世真. 加强发展我国核医学的建议 [J]. 水木清华，2001，5.
[51] 冯新德. 哭肖伦 [J]. 清华校友通讯（复 43 册），2001，4.
[52] 周琼. 无悔归国艰辛 惟愿祖国富强 [R]. 报告文学，2005，5.
[53] 王世真. 浅谈协和精神 [J]. 中科院《学部通讯》，2005，79.
[54] 王世真. 对我国高校当前面临一些问题的管见 [J]. 中科院《学部通讯》，2005，79.
[55] 吴清. 庆祝名誉所长王世真院士九十华诞 [J]. 国际放射医学核医学杂志，2006，3
[56] 刘玉刚，李志芬. 医学之路、爱国之心：核医学事业的创始人 [N]. [2006].
[57] 刘新武. 核医学夫妻 [N]. 光明日报，1992-11-24（1）.
[58] 于卓. 王世真：做研究好比上战场 [N]. 科技日报，1998-10-21（2）.
[59] 王世真. 科教管理要求高效率 [N]. 光明日报，1998-06-30（5）.
[60] 吴彬. 四十院士 三企业家 过招 [N]. 晨报，2000-05-12（10）.
[61] 王世真. 核医学：人类健康的朋友 [J]. 祝您健康，2000，10.

[62] 王世真. 在王志均院士九十华诞庆祝会上的发言 [J]. 九级校友通讯，2008，8.
[63] 吴金明. 院士欢度中秋佳节 [N]. 科技日报，2000-09-14 (A1).
[64] 名医名院栏目编写组. 著名核医学专家王世真 [N]. 大众科技报，2000-09-28 (7).
[65] 肖东. 院士捐赠祖传文物 [N]. 福建日报，2001-09-10.
[66] 刘家铭. 院士的福州情节 [N]. 福州日报，2001-09-11 (A1).
[67] 王世真. 走好人生的最后旅程 [N]. 中国医学科学院院报，2003-12-01 (2).
[68] 陈亮. 踏访先祖履迹 缅怀先祖高风 [N]. 福州日报，2005-08-29 (1).
[69] CCTV1. 核医学家王世真 [N]. 中国电视报，2005-11-28 (36).
[70] 李坚. 15 位院士月底闽侯“相会” [N]. 海峡都市报，2005-12-13.
[71] 应庆. 中华核医学会授予王世真院士“终身成就奖” [N]. 中国医药报，2005-07-25.
[72] 王斯敏，段文利. 王世真：要做开创性的事 [N]. 光明日报，2006-02-12.
[73] 郭大路. 打败时间的伟大科学家 [N]. 海峡都市报，2006-01-23 (C5).
[74] 李从心. 祝贺王世真院士九十华诞 [N]. 北京协和医院院报，2006-03-17 (4).
[75] 李晨. 正电子发射断层显像开创核医学发展新纪元 [N]. 科学时报，2007-04-24.
[76] 夏振民. 忆中国首次放射性核素发生器学习班 [J]. 广东核医学信息，2007，9.
[77] 郭桐兴. 漫谈核医学——王世真院士访谈录 [N]. 腾讯网，2008-01-02.
[78] 李从心，李方，马云川. 王世真院士访谈录 [N]. 中华医学会核医学分会，2008-10-31.
[79] 欧美同学会. 欧美同学会通讯 2008 年 11 期 [J]. 欧美同学会通讯，2008-11-15 (1).
[80] 陈明雁. 西门子最新一代 Biograph 63 层 PET/CT 落户协和 [N]. 协和院报，2008-11-24.
[81] 潘锋，段文利. 协和医院引进最新一代大型医学影像诊断设备 [N]. 科学时报，2008-11-25 (A4).
[82] 不详. 卓越分子影像，科技造福民生 [N]. 2008-05-17.
[83] 吴晶晶. 资深院士座谈会特写：为中国科技事业贡献一生 [N]. 新华网，2008-06-25.

[84] 李澄. 王世真：照片背后的故事 [N]. 科学时报，2009-01-01 (A8).
[85] 王世真. 王世真院士向您推荐几本好书 [N]. 中国医学科学院院报，2003-12-01 (3).
[86] 王影，童林. 放射医学研究所建所 50 周年庆典隆重举行 [N]. 中国医学科学院院报，2009-11-01 (1).
[87] 中国核学会. 弘扬科学精神 繁荣核能事业 [N]. 中国核工业报，2010-12-08 (4).
[88] 黄振中. 延伸到九十岁的创新足迹 [N]. 北京协和医院院报，2006-08-04 (4).
[89] 吴中云. 20 世纪上半叶的中医教育之带徒模式 革新鼎故 施今墨与华北国医学院 [N]. 科技日报，2010-08-06 (4).
[90] 清华大学百年校庆组织委员会. 百年校庆专刊 [J]. 百年校庆专刊，2011-04-25.
[91] 张美祥主编. 1938—1984 贵州省高等学校校史汇编，第 0002 分册，贵阳医学院院史 [M]. 贵阳医学院院史编委会，1988.
[92] 王世真. 北京核医学大会 [J]. 未发表，内部资料，1987.
[93] 贺志光主编. 1938—1988 贵阳医学院 毕业生名录 [M]. 贵阳医学院院史编辑室，1988.
[94] 国务院学位委员会办公室编. 全国授予博士和硕士学位的高等学校及科研机构名册 [M]. 高等教育出版社，1988.
[95] CNMC of the chinese academy of CAMS.international symposium on nuclear medicine [J]. 首都核医学中心，1988，10：10-14.
[96] 王世真. 高等学校影像医学与核医学重点研究基地 [R]. 未发表，内部资料，2000.
[97] 林则徐后裔联络组. 林则徐世系录 [M]. 未发表，内部资料，2000.
[98] 曾意丹，徐鹤苹. 福州世家 [M]. 福州：福建人民出版社，2001.
[99] 王世真. 为申报“优秀科技图书奖”提供的资料 [R]. 未发表，内部资料，2002.
[100] 张永学，等. 中华医学会核医学分会会史 [M]. 中华医学会核医学分会，2005.
[101] 贵州大学校史编委会. 贵州大学校史丛书 (3 册) [M]. 贵州大学出版社，

2007.
[102] 姚小泉等. 贵阳医学院校史 1938—2008 [M]. 贵阳医学院校史编辑委员会，2008.
[103] 中国核学会. 和谐　团聚　交流——中国核学会 2009 年学术年会回眸 [C]. 中国核学会，2009.
[104] 周简. 福州的最后一个状元 [J]. 榕花，1982，1.
[105] John Leighton Stuart. Fifty Years in China：The Memoirs of John Leighton Stuart [M]. Publisher Sanford.
[106] 何迪. 燕京大学与中国教育现代化 // 中国社会科学院科研局编. 中国社会科学院学术论著提要（1991 年）. 北京：社会科学文献出版社 .
[107] 史静寰. 狄考文和司徒雷登在华的教育活动 [M]. 台北：文静出版社，1991.
[108] 王峰媛. 司徒雷登与燕京大学 [D]. 北京大学，1989.
[109] 北京燕京研究院. 燕京大学人物志（第一辑）[Z]. 北京：北京大学出版社，2001.
[110] 司徒雷登：第一个因在华抗日被关押四年的美国人 [N]. 通辽日报，2010-06-09（11）.
[111] 司徒雷登：他曾是燕京大学的灵魂 [N]. 燕赵晚报，2008-11-23（A20）.
[112] 侯仁之. 我从燕京大学来 [M]. 北京：生活 · 读书 · 新知三联书店，2009.
[113] 百年清华校长风云录 [J]. 瞭望东方周刊，2011（17）：70-72.
[114] 刘国生，编著. 从清华走出的科学家 [M]. 海拉尔：内蒙古文化出版社，2008.
[115] 杨绛. 忆高崇熙先生——旧事拾零（一九八八年九月一日）// 杂忆与杂写（一九三三——一九九一）[M]. 北京：生活 · 读书 · 新知三联书店，2015.
[116] 吴阶平，季羡林，总主编. 胡亚东，主编. 20 世纪中国学术大典 · 化学 [M]. 福州：福建教育出版社，2005.
[117] 张燃明. 中药药理学家刘绍光 [J]. 武汉文史资料，2012（12）：36-43.
[118] 陈远，编. 逝去的大学 [M]. 北京：同心出版社，2005.
[119] 徐书生. 培植公医人材的国立中正医学院 [EB/OL]. 2011-07-07. http://www.ncsjx.cn/?artid=13593&F=view.
[120] 薛庆煜. 记中国红十字会救护总队与战时卫生人员训练所 [J]. 中国科技

史料，1999（02）：69−84.
[121] 红岩联线：白色政权造就的红色专家侯祥麟[EB/OL]. 2011−07−07. http://www.hongyan.info/gb/aboutus/.
[122] 王世真. 我对科学家应具备的素质的思考——并和青年朋友们谈谈心[J]. 中华核医学杂志，1996（03）：143−147.
[123] 胰岛素发现者拜庭博士踪迹追击游[EB/OL]. 2011−07−07. http://www.dushi.ca/van/blog/index.php?file=vi.
[124] 王世真. 放射性同位素及辐射应用——国外医学中应用放射性同位素的新进展[J]. 原子能，1965，10.
[125] 中国科学院学部联合办公室编. 中国科学院院士建议第7期（总第18期）.
[126] 王世真，卢正福. 加强发展我国核医学的建议[J]. 基础医学与临床，2009（10）：1009−1016.

后 记

有近两年的时间，我们项目组经常跟王世真院士见面。由于王世真性格并且长时间卧病在床，客观地讲，有一年多的时间内，我们之间的沟通并不顺利，项目的进展很不乐观，这使我们项目组每个人都承受着压力。为此，张藜老师和樊洪业老师还曾给过我们一些很好的建议。后来，情况有了转机，王先生终于向我们打开了心扉，而且从此一发而不可收，口述惊人地坦率，项目很快有了大跨度的进展。

我们第一次去采访王世真院士，王先生便给我们上了一课。约好下午两点去他的办公室见面。北京的交通很难保证畅通，于是我们几个相约提前半小时在协和医院门口碰面，只是为了避免因交通意外而有人迟到。一点半左右，大家都到了。6 月的北京，正午骄阳似火，时间尚早，我们先到协和门口的小店里买了几瓶冷饮，其实是为了能在小店吹冷气。下午一点五十五，轻轻敲响了王先生办公室的门。王先生开门非常热情地招呼我们进屋坐下，看看表说：“你们早到了五分钟，我们两点钟正式开始。”然后坐在对面看着我们，不再说话。我们几个面面相觑，不知所措。挨过了尴尬的五分钟后，王先生开言：“好，时间到了，你们可以问问题。”

到了三点钟，王先生戛然而止：“今天的采访就到这里。下一次采访安排在 9 月份，再见。”这样的结果的确始料未及，我们想解释说如果采访频率太低，对于这个以访谈和采集资料为主的课题而言，肯定是不行的，但王先生已经起身准备送客，我们只好道了再见。这次见面很不理想。回去的路上，每个人分明都担着心事，不知以后的工作能否顺利开展。

既然王先生不会同意很快见面，我们就把外围的工作先做起来。先通过各大图书馆、网络等渠道收齐了王先生所有的论著目录及大部分的论著，以及媒体关于王先生的所有报道。按惯例，如果能够查阅到王先生的人事档案和科研档案，将会非常有助于我们把握王先生一生的成长脉络，更加令我们吃惊的是这件事的难度异乎寻常。几经努力，我们最终从协和医院几乎什么资料也没有拿到。

时间一晃就到了 9 月，我们积极准备着采访提纲，并采访了王先生的学生和秘书。从资料和外围采访中我们已经大致了解了王先生的人生轨迹和学术贡献，但还有很多的细节需要了解，要采访到更鲜活、更深层的东西，必须跟王先生交谈才行。

正在这时，王先生的秘书打电话告诉我们说王先生摔伤了，胸十二椎体骨折。我们去医院探望时，王先生躺在病床上，有气无力，说话困难，谁都能看得出来老先生这时候最需要静养。后来我们又去探望了几次，王先生身体依然非常衰弱，戴着胸托。慢慢地，他能够坐起来说话了，声音很小，含混不清。大约是为了保暖，他将一根不知从哪里找来的包扎礼品盒的红缎带系在蓝白条纹的病号服上，非常扎眼。我们看着王先生的状况，既担心又难过。

奇迹般地，王先生的健康开始好转，我们能交谈半小时了。他开始陆陆续续地给我们一些资料，虽然大多都是关于他家族史的资料，毕竟是个很好的开端。他也开始讲一些事情给我们听，说实话，这根本不能算是真正意义上的访谈，他的兴趣完全在他的家族史上。好几次我们提醒他本项目主要目的是要理清他的学术成长历史，但他好像没听进去，总是说这个问题以后再讲。

这期间，王先生染上了肺炎，后来，又摔了两次。我们的心情也随着老人的健康状况一惊一乍的。转眼半年过去了，王先生的话题永远在他的家世上面打转，但又缺乏连续性。偏巧王家世代都是人才辈出，状元公王仁堪、收藏家王世襄、化学家王世仪等，随便讲讲，一个多小时就过去了，老人也该歇着啦。

事情的转机是从我们给王先生看了馆藏基地的宣传册开始的，我们指给王先生看馆藏基地的大柜子，这是用来装老科学家的学术成长资料的，而展台则是用来展示老科学家代表性的实物资料及照片的，王先生看了之后脸上有些焦急的表情。等我们下一次再去时，王先生真诚地向我们道了歉，说他抱歉自己浪费了我们太多的时间，我们的采访从此总算步入正轨。

王先生想搬离特护病房，我们帮王先生搬了家。他开玩笑地说从特护病房出来，坐电梯可以直通楼下的太平间，好几个老同志自打进了特护病房后就没出来过，最后直接被送到了楼下的太平间，他可不想步他们的后尘。他笑呵呵地说着这些话，一副很轻松的样子。我们还年轻，很难想象老年人面对随时都可能光顾的死神会是怎样的一种心境。

王先生出身名门，一生经历过很多，最初给人的印象的确是胸中颇有丘壑。但搬离特护病房之后，王先生的想法改变了很多。他将两个博士研究生交给别人带了，而且将手头能找到的资料都给了我们，包括一些很有纪念意义的实物资料：他在日本出生时母亲给他热牛奶的小锅、他写给母亲和妻子的家信、他学《毛泽东选集》的笔记本等。他的谈话越来越坦率，说话很少再兜圈子，偶尔王先生也向我们敞开心扉，流露出对社会上弱势群体的深切同情。这时候的他在我们眼里就是一个慈爱的老人：头脑敏捷，内心柔软，并不复杂难懂。对这个世界，他有自己简约明确的信条，坚信科学家应该为人类多数人的利益服务。

有一次去协和病房采访王先生时，笔者注意到在王先生为我们准备的资料旁放着一个细巧的塑料绿药瓶，还以为里面装的是王先生的什么药。直到我们结束采访，收拾起资料时，王先生突然指着小药瓶说如果家里有老人的话，应该准备一瓶这种药，紧急时刻很有用处。我因为父亲心脏不太好，听了王先生的话马上掏笔准备把瓶子上的药名记下来。王先生说："不用记，把药瓶拿走吧，是空的。"这才明白王先生是有意将药瓶放在资料旁，原本就是准备给我们带走的，但他也并不说明是特意准备的。在笔者看来，王先生其实并不是个善于表达的人，他思维跳跃，虽然表述准确，但常常过于抽象和简单，尤其不善于讲述一个完整的事件。可是对于一本传记而言，缺少具体的细节就很难写得生动鲜活。

王先生对于在他一生中凡是提携过他、鼓励过他、给过他温暖和善意的人，都记得清清楚楚，并且我们能感觉得出来他对他们怀着真真切切的感激之心。即便这么大年龄了，王先生的记忆力和细致也依然令人吃惊。他居然都记得给过我们什么资料，有没有归还；在谈话中也很少出现记不起别人姓名的情形。而他最让我们敬佩的是他无与伦比的坚强意志。这一年，他摔了好几次，又染上肺炎，居然能挺过来，完全就是奇迹，靠的就是他非凡的意志力。有时候他一谈就是两个多小时，我们怕他身体顶不住，他笑着说"没事，我能忍"，其忍耐力很是惊人。

现在，协和医院门前的那家冷饮店已经改卖医疗器械了，冷饮店和气的老板娘已不见踪影。一年的时间，很多的变化。这期间笔者一直在踌躇一件事：给王先生写传记时，该如何从总体上把握他的精神气质。

清华百年校庆，王先生插着管子去人民大会堂参加了清华百年校庆大会，而且将自己被安排在会场的座次画了示意图给我们看。虽然谦虚地说座次安排在这样靠前的位置不是说自己的成就有多大，而是因为在他这个年岁的校友，只有他的健康状况还能允许他前往会场，其实还是流露出了他对于这种安排的骄傲和自豪。他经常半开玩笑地跟我们说："周前是个实干家，最讨厌我吹牛。""我这个人就是有名利思想，身上有封建社会的流毒。"笔者不知道这些话玩笑的成分有多大。有一天，笔者试着问了一个问题："在您人生的哪个时段，您觉得比较幸福？"其实，这个问题笔者经常会问访谈对象，经常地，笔者采访过的那些人因为都是些专业上很有成就的人，在某个行业领域的领头位置待久了，周围追捧的人多了，难免会有身份感，说话也就矜持一些。想要了解他们的价值观，就得稍稍绕个弯子。如果他回答了这个问题，笔者就会接着问为什么，他在陈述理由时，笔者就能把握他最看重的是什么，进而了解他的价值观和人生观。没有料到的是，王先生听到这个问题后，明显地愣住了。然后，就岔开了话题，开始谈别的。为什么这个问题对他这么难回答呢？最有可能的解释就是这类问题从来没有在他的头脑中闪现过。对于王先生这样的人而言，所谓的个人幸福和快乐并不是他关注的东西，他看重和追求的是专业上的成就感和学术地位，在某个专业领域做出人所莫及的成就，为大多数人的利益服务。这些才是他一生最大的动力和追求。

近两年的时间里，我们在这个九十多岁的老人身上目睹了奇迹的发生：在我们的采访接近尾声时，王世真已经几乎完全恢复了健康，他甚至可以打上领带，穿上西服出门参加会议了。在最后一次笔者去采访王先生时，他正在计算机上工作，穿着本白色的休闲裤，衬衫上面套着鸡心领羊毛衫，脸上泛着健康的光泽，整个人神采奕奕。笔者深信一个垂垂病人完全康复，信念肯定起了很大的作用，很想就此与王先生做些探讨。可惜，我们都是学技术出身，不擅长哲学范畴的讨论。但从王先生轻描淡写、三言两语的话语中，笔者大体上了解了王先生的技术观：在王世真看来，技术的发展没有极限，他崇尚老子，认为老子把握了事物发展的规律。虽然他的表述过于简单，但并不影响其思想的深邃度及信念的坚定性。他努力吃有营养的东西，相信吃下去的营养物质将使他变得强健；他积极配合治疗，相信现代医术一定能够将他治愈。那时的他，信心满满地期待自己能活过百岁。信念的力量造就奇迹！

王世真院士出生于1916年3月，2016年5月逝世于北京。

2011年12月31日初稿

2020年12月31日修订

老科学家学术成长资料采集工程丛书

已出版（110种）

《卷舒开合任天真：何泽慧传》
《从红壤到黄土：朱显谟传》
《山水人生：陈梦熊传》
《做一辈子研究生：林为干传》
《剑指苍穹：陈士橹传》

《情系山河：张光斗传》
《金霉素·牛棚·生物固氮：沈善炯传》
《胸怀大气：陶诗言传》
《本然化成：谢毓元传》
《一个共产党员的数学人生：谷超豪传》

《含章可贞：秦含章传》
《精业济群：彭司勋传》
《肝胆相照：吴孟超传》
《新青胜蓝惟所盼：陆婉珍传》
《核动力道路上的垦荒牛：彭士禄传》

《探赜索隐　止于至善：蔡启瑞传》
《碧空丹心：李敏华传》
《仁术宏愿：盛志勇传》
《踏遍青山矿业新：裴荣富传》
《求索军事医学之路：程天民传》

《一心向学：陈清如传》
《许身为国最难忘：陈能宽传》

《此生情怀寄树草：张宏达传》
《梦里麦田是金黄：庄巧生传》
《大音希声：应崇福传》
《寻找地层深处的光：田在艺传》
《举重若重：徐光宪传》

《魂牵心系原子梦：钱三强传》
《往事皆烟：朱尊权传》
《智者乐水：林秉南传》
《远望情怀：许学彦传》
《没有盲区的天空：王越传》

《行有则　知无涯：罗沛霖传》
《为了孩子的明天：张金哲传》
《梦想成真：张树政传》
《情系粱菽：卢良恕传》
《笺草释木六十年：王文采传》

《妙手生花：张涤生传》
《硅芯筑梦：王守武传》
《云卷云舒：黄士松传》
《让核技术接地气：陈子元传》
《论文写在大地上：徐锦堂传》

《铃记：张兴铃传》
《寻找沃土：赵其国传》

《钢锁苍龙　霸贯九州：方秦汉传》
《一丝一世界：郁铭芳传》
《宏才大略　科学人生：严东生传》
《虚怀若谷：黄维垣传》
《乐在图书山水间：常印佛传》
《碧水丹心：刘建康传》

《我的气象生涯：陈学溶百岁自述》
《赤子丹心　中华之光：王大珩传》
《根深方叶茂：唐有祺传》
《大爱化作田间行：余松烈传》
《格致桃李半公卿：沈克琦传》
《躬行出真知：王守觉传》
《草原之子：李博传》
《我的教育人生：申泮文百岁自述》
《阡陌舞者：曾德超传》
《妙手握奇珠：张丽珠传》
《追求卓越：郭慕孙传》
《走向奥维耶多：谢学锦传》
《绚丽多彩的光谱人生：黄本立传》

《此生只为麦穗忙：刘大钧传》
《航空报国　杏坛追梦：范绪箕传》
《聚变情怀终不改：李正武传》
《真善合美：蒋锡夔传》
《治水殆与禹同功：文伏波传》
《用生命谱写蓝色梦想：张炳炎传》
《远古生命的守望者：李星学传》
《探究河口　巡研海岸：陈吉余传》
《胰岛素探秘者：张友尚传》
《一个人与一个系科：于同隐传》
《究脑穷源探细胞：陈宜张传》
《星剑光芒射斗牛：赵伊君传》
《蓝天事业的垦荒人：屠基达传》

《善度事理的世纪师者：袁文伯传》
《“齿”生无悔：王翰章传》
《慢病毒疫苗的开拓者：沈荣显传》
《殚思求火种　深情寄木铎：黄祖洽传》
《合成之美：戴立信传》
《誓言无声铸重器：黄旭华传》
《水运人生：刘济舟传》
《在断了A弦的琴上奏出多复变最强音：陆启铿传》
《化作春泥：吴浩青传》
《低温王国拓荒人：洪朝生传》
《苍穹大业赤子心：梁思礼传》
《仁者医心：陈灏珠传》
《神乎其经：池志强传》
《种质资源总是情：董玉琛传》
《当油气遇见光明：翟光明传》
《微纳世界中国芯：李志坚传》
《至纯至强之光：高伯龙传》

《弄潮儿向涛头立：张乾二传》
《一爆惊世建荣功：王方定传》
《轮轨丹心：沈志云传》
《继承与创新：五二三任务与青蒿素研发》
《材料人生：涂铭旌传》
《寻梦衣被天下：梅自强传》
《海潮逐浪　镜水周回：童秉纲口述人生》

《淡泊致远　求真务实：郑维敏传》
《情系化学　返璞归真：徐晓白传》
《经纬乾坤：叶叔华传》
《山石磊落自成岩：王德滋传》
《但求深精新：陆熙炎传》
《聚焦星空：潘君骅传》
《采数学之美为吾美：周毓麟传》
《神经药理学王国的“夸父”：金国章传》
《情系生物膜：杨福愉传》
《敬事而信：熊远著传》